U0963698

Helmut W. Horchler

- **学习领导**和**管理**的艺术与科学
- 掌握**面试**与**鉴别**有潜力的应试者的技巧
- 掌握**激励他人**和**避免犯错的技巧**

Helmut W. Horchler 1939年生于德国，是一位在医药行业有着40年工作经验的人士。他在美国、欧洲双重文化背景下成长，在其工作最后的十八年间旅行，工作于亚洲。作为一家世界性公司的副总裁，他直接对二十多个国家的商业事务负责。在他强有力的领导下，公司在中国、越南、印度、印尼等地建立了新的利润快速增长的企业。与此同时，公司在加拿大、澳大利亚、远东等地的分支机构也取得了长足的进步。他管理的经验从欧洲延伸至拉丁美洲，还有亚洲的许多国家。他在招募、培训和发展不同层次的员工方面有着令人羡慕的稳定的成功业绩。

Helmut W. Horchler 有自己的顾问公司，通过Consult@sbcglobal.net可直接和他联系。

- 懂得**公司文化**的重要性
- 认识到**格言哲学**的引导作用
- 开始一份**成功的职业**

如果你是一位刚被提升的经理并且在升迁的同时需要有所行动，本书将为你提供相关的指导。它将以你在新职位的第一天作为开始，以你长期工作的关键性成功因素作为结束。具体为你设计如何应对在没有经验和短期培训的情况下管理一群人。

这本书的主要目的在于填补你开始管理工作与正式培训之间的时间和知识的空白。

如何培训刚刚走上领导和管理岗位的新人是世界范围内各个公司都面临的最紧迫与频繁出现的问题，也是一个未充分解决的问题。这不仅仅是一个可用资源的问题，更是一个如何实际操作的问题。它并不简单易行，需要相当数目的资金，通常不能一次只对一个人进行培训，与此同时它又要求被培训的人尽快承担起他应承担的责任。而能得到晋升的却往往只能是一次一个人。

在全世界，在各个行业中，无论公司大小，当某人被提升时他迫切地想知道他应该做什么。但当你问：“我现在该做什么？”时，却没有现成的答案。

本书无意取代那些正式的培训课程而旨在补充、完善这类培训课程，引导你这位新任的经理在最初的几个月中成功地管理一群人。

A. 你最开始应做哪些事情？

B. 你在新职位的第一天应如何开始？

C. 哪些错误是你能够并且应该避免的？

D. 你对其他人应期待些什么？

E. 你的行为应怎样转变并为何转变？

F. 公司文化的重要性是什么？你怎样才能与其保持同步？

G. 怎样做你才能确保一份长久 成功的职业？

H. 你怎样为其他人提供动力？

I. 你怎样驾驭和处理分歧？

本书将对这一类问题进行回答。它不是管理的理论，是在当今激烈竞争环境下被证明的对于实际工作有用的指导。它对于世界各地无论任何行业，无论公司大小，无论任何管理岗位上的新任管理人员都是极为有用的。它还是一个现实的如何开始的方法，对于每天工作中会出现的情况和问题给出了大量事例，并提供了解决方法。

HELP!

I HAVE BEEN PROMOTED...

NOW

WHAT DO I DO?

升职了！

下一步我该做什么？

原著者 [美] Helmut W. Horchler
李新洲 马可 译

WUHAN UNIVERSITY PRESS
武汉大学出版社

图书在版编目(CIP)数据

升职了！下一步我该做什么？/原著者(美)Helmut W. Horchler；李新洲，马可译 .—武汉：武汉大学出版社，2007.12

书名原文：Help！I have been promoted，Now what do I do?

ISBN 978-7-307-05992-2

Ⅰ.升… Ⅱ.①H… ②李… ③马… Ⅲ.管理学 Ⅳ.C93

中国版本图书馆 CIP 数据核字(2007)第 167830 号

著作权合同登记号：图字 17-2007-071 号

ⓒHelmut W. Horchler

This translation of *Help! I have been promoted... Now what do I do?* is published by arrangement with the Auther.

本书由作者正式授权武汉大学出版社出版，未经出版者书面允许，不得以任何方式复印和抄袭本书内容。

责任编辑：谢群英　　版式设计：詹锦玲

出版发行：武汉大学出版社　（430072　武昌　珞珈山）

（电子邮件：wdp4@whu.edu.cn　网址：www.wdp.com.cn）

印刷：武汉中远印务有限公司

开本：720×980　1/16　印张：15.5　字数：216 千字

版次：2007 年 12 月第 1 版　2007 年 12 月第 1 次印刷

ISBN 978-7-307-05992-4/C・194　定价：36.00 元

版权所有，不得翻印；凡购我社的图书，如有缺页、倒页、脱页等质量问题，请与当地图书销售部门联系调换。

不承担责任之声明

本出版物旨在提供与标题相关的指导性信息，这仅代表作者个人观点，如因法律等原因需要专业的帮助，应通过其他途径寻求。

读者意见调查表

为更充分地反映使用本书的广大读者的要求，得到进一步提高和改进，特设计此调查表，烦请您拨冗完成填写并剪下后按下面通讯地址寄回。谢谢！

1. 您的职业：□科员；□经理；□管理人员；□其他
2. 您对本书封面设计、版式设计和印刷质量的评价：
   a）封面设计 □很好；□较好；□一般；□较差
   b）版式设计 □很好；□较好；□一般；□较差
   c）印刷质量 □很好；□较好；□一般；□较差
3. 您对本书定价的看法：□适当；□较高；□较低
4. 您对本书内容方面的评价：
   a）编排体系和结构安排得当，内容针对性强，有选择余地，适合不同职业的管理人士使用
   □完全同意；□基本同意；□持保留意见；□不同意
   b）有理论体系，逻辑条理清晰，讲解深入浅出，有独到和创新之处，具有其他同类书不可取代的特色和优势
   □完全同意；□基本同意；□持保留意见；□不同意
   c）语言难度：□语言过于浅显；□难度适中；□语言难度较大
5. 您认为本书内容比较满意的方面是：
   □语言难度的把握；□编排结构的安排

您对本书或本社若有其他意见或建议请来函、来电与我们联系：

通讯地址：湖北省武汉市武昌珞珈山（邮编：430072）

武汉大学出版社外语编辑室

电话：027－87218069；027－87652746

传真：027－87218069

E-mail：monica_xie@tom.com　　Li_xinzhou@126.com

姓　　名		专业职称	
单位名称		邮政编码	
联系电话		E-mail	
通讯地址			

献　　辞

本书及我的爱一并献给我的妻子 Reinhilde，感谢她多年来对我无私的支持、奉献与理解。

目 录

REPORT

序

一天晚上，一个泰国的销售代表开车送我回酒店。突然，她转过来问我：“老板，您能教我怎样才能成为经理吗？”

我吃了一惊，一种不经意的感觉涌上心头（“对”，我不是主动要说这个话题的，“现在吗？在回酒店的路上？你能明天抽时间再说吗？”），我看了一下她的脸，她是很严肃的。

她被提升为一个销售督导，后来知道是负责曼谷外的一个地区，她的四个同事负责向她汇报情况。她对提升的事很激动，但最有可能的还是害怕。至少，她希望这份督导的工作能像她做销售代表时做得一样好。她知道这个工作和她以前做过的工作不一样，也难了许多，她希望有所准备。她没系统地培训过，她公司的规模和可用的资源也不太可能为她提供这类培训。

我想帮助她，但是怎样帮呢？她的问题表明了她没有经验，对管理一

无所知。我不可能花几年时间和她一起工作，辅导她、告诫她、指导她。她现在就需要帮助。

这便是本书写给那些在没有任何准备的情况下初次接触管理工作的人的原因。本书是人力管理人员见习期间的一个很好的工具。祝忠实的读者成功。

简 介

“祝贺你晋升为经理”，如果有一天你的老板对你这样说的时候你一定会为你的成绩而感到骄傲。然而，这种事业上的进步却往往因为初次管理雇员和过于期望管理好而变得在现实中少有人能够做得好。

好，现在，从哪儿开始呢？你怎样着手管理呢？

本书将回答这些问题。它会指导你开始一项充满希望且富有回报的工作。本书涵盖了所有管理艺术的基本规律，还包括一些在你一天当中对于新的任务的所需和所学。除了管理以外，本书还讲述领导行为方式的转变、公司文化以及职业成功的关键因素等问题。

尽管这本书或其他书籍或培训课程都不能完全替代个人经验，但它却能使你避免错误，使你在学习管理的问题上少走弯路，并使你在管理的最初也是最关键的几个月里得到认同。

本书中大量的范例使理论变为每日可实际操作的经验。

如果不懂得和遵循本书中对于管理的基本指导和原则，那么一般或稍微复杂的问题就会难倒你。在学习管理技能的同时，你潜在的领导能力将会得到显现与发展。

请注意本书中“主管”、“经理”两个词，它们经常可以互换。这是由于这两个词常被各公司用来命名他们一线的——最低一级的管理人员。

再者，本书对于男女都适用。代词“他”的大量使用主要是为了方便。他/她的偶尔出现是为了提醒读者两个代词都是适用的，绝没有对性别的任何歧视。

第一章

信息收集

也许你希望花上几小时或几天读一些有关怎样成为经理的书籍来当一位好的经理。但事实上这是不可能的。在多种职业中，经验是没有任何东西可以替代的。没有可以获取必要经验的捷径。没有人天生就是一个好的有经验的经理，然而一些人确实要比其他人学得更快一些。每个人都会犯错误，并且会从中学到一些东西。

一本书所能告诉你的只是怎样开始和怎样避免一般的错误。为达到这个目的，花一些时间去读一些有关的基本规律和实践指导是很有必要的。阅读本书会使你用于学习管理的时间大大减少，并有助于你渡过刚刚成为经理最初几个月的难关。

可能随着你的提升，你将会面临更多的事务，而且没有足够的时间读完这本有十一章内容的书籍，那你就错了，其实这就是你的第一课。

优先考虑读这本(读这本书首当其冲)，然后研究这些材料，你将不会后悔。

A. 开始

在你被提升之后最先要做的，甚至在你的晋升真正有效之前就是与人交谈。与其他人交谈、问问题并仔细聆听他们对你所说的话。并不是所有的事都是你期待要听的。有时候他们告诉你的并不像他们所说的那么重要，而有些需要你自己去寻找。他们不会主动说出他们知道的一切，只会回答你提出的问题而且他们对这些问题并不一定理解。

很有可能你听到的比你想要知道的还多，在你感到迷惑和恐惧之前一堆信息就已经向你涌来。你要知道哪些问题是真正重要的，哪些只是看起来如此。这就意味着你需要时间来整理这些信息。然后你必须确定你要获得什么，什么时候和谁进一步讨论以及怎样得出结果。

错误常能给人留下深刻的印象。从你的讨论中鉴别这些错误并记住它们。你应该能够避免别人犯过的错误。要思维开阔，富于判断力地去倾听，将其记下并作为以后反省的内容。给自己一些时间，不要急于得出结论。作出书面的记录以备日后查阅。不要与太多的人交谈，不然最后你将记不清谁告诉了你一些什么，这一点很重要，因为对于同一问题不同的人将会带给你不同的视角。

有的信息来源比其他的更为可靠，这会使它占有更重的分量。几乎每个人都有他自己的既得利益集团。也许有人会对你的晋升不满，觉得应该由他来取代你。还有人会来巴结你，对于那些对你过分友好的人一定要注意，对于那些恭维你或显示出不自然而讨好你的人也要小心。他们都有自己的目的。一定要弄清他们是怎样打算的。

如果你在公司被提升，因为你已经了解了你与之交流的大多数人的情况，你收集信息时就会容易多了。记住，对于那些和你交谈的人你一定要视其为你的朋友而不是把他们当成你的下属。接受一个朋友或同事突然变为上级或下属的事实并不是一件容易的事。这种改变可能会使事情发生戏剧性的变化。前面提到的不满可能成为一种局面，而这种职位上的变化也是有利有弊的。

你在某一背景下去了解你的新下属，他们也得在新的背景下重新认识你。这对于每个人来说都是一种艰难的转变。一方面你不想终结你们从前的友谊关系，另一方面你又不得不去建立一种新的关系——现在你是老板而非从前与他们一同共事的伙伴了。任何的社交现在都与变革与终止有联系，这可能让人很难理解。你会让人觉得你很冷淡或看起来地位高于他们。

只有时间能解决这些很自然就能够预见的问题。但是广泛地交流、恳切地沟通、洞察他们的努力会加速这一进程并促进你们之间的合作与支持。

如果你在一家新公司首次成为管理者，以上所述仍然适用于你。当然，由于你在开始新工作之前不太可能与新的员工接触，那么选择的时机就不同了。

最明显的差异在于你对于将要共事的人一无所知。这可能是一种优势。作为下属的新老板你将会起到重要的作用。不需要改变以前的关系，也不需要讲述自己的个人经历。即便如此，不满还是会在人的心中郁积。因为一个外人占据了组织当中的一个其他人觉得自己更适合的工作。

来到一个新环境中的最大优势在于不需要克服根深蒂固的偏见。你可以从一个清白的记录开始，这也是一个相对开阔的表现舞台。

B. 与人交谈

你需要与之交谈的个人会存在很大差异。这取决于这个集体的大小，你在那儿所处时间长短，以及你对你将要与之工作的人的了解程度，还有你的上级、下属或者你新工作的性质。在不考虑这些可变因素的情况下你仍需与这些人交谈。

总经理
你的上级
你的下属
你的前任
人力资源经理、财务经理等其他经理、客户

如果有规定的话你可能还需要与 IT 部门、资源管理部门、行政经理、你的同事、销售及市场等部门的同事开会。和某人多说几句总比因此得罪某人强。

与让他们能与你敞开心扉的交谈相比，你与他们交谈的顺序并不是十分重要。当然，这不包括总经理。而要达到这样的效果，选择一个非办公的环境则会得到富于成效的交谈结果。也许一顿午餐、一杯咖啡会使你的交谈伙伴觉得比起与你在办公桌前相对而坐要轻松舒适。

出于礼貌，你最好在告知你上司后首先与总经理见面，并且最好将准备谈些什么也告知你的上司。你的上司可能会想加入你们的谈话，这显然是他的权利，你不应该试图阻止他的参与。你要使每个人都参与其中的一个部分。

1. 总经理

很难说你的总经理会是一个怎样的人。如果你不了解他，就问问组织中的其他人。向他的秘书、行政助理等了解他的人咨询一下情况。不管总经理的态度怎样，他总会有一些乐于谈论的话题，这对于加深你对他的了解很重要。

值得提醒的是，当你看见他的时候你应该首先向他表达你被提升的感谢之情。向他保证你会努力工作，决心将工作做好，并为公司的成功做出自己应有的贡献，始终保持谦虚但并不是一种奴性。

届时你能问他的部分问题包括：

- 公司短期 、中期、长期的主要目标是什么？
- 他对未来的看法怎样？
- 他对管理层及所有雇员的期待是什么？

- 他对你有什么特别的期待?
- 他对你在新职位上特别关注的一些问题是什么?
- 他对生意及竞争环境的战略观点是什么?
- 他对晋升及人的发展持有什么样的哲学观点?
- 他与你谈论的最新产品是什么?

通过问他这一类合适的话题，你向他传达了一种关心公司多方面的问题，而非只是你负责范围内应承担的责任。尽量使你的问题不要那么难以回答，不要将他置于一个尴尬的境地。也不要强迫他回答他不想或不能回答的问题。如果时间允许，还可问他一些其他相关问题，但不要让人觉得你爱打听别人的私事。

逗留的时间不要过长，他的时间是很有限的。一定要注意他发出的“希望结束谈话”的信号。

最后，不要忘了感谢他为你挤出时间来谈话。还要表达对于他能与你分享信息的肯定。

2. 你的新上司

将你的新上司放在第二个交谈对象的位置上有着明显的利端和弊端。仅仅出于礼貌也应如此，但是一些你与他人交谈的问题会在你们的交谈中出现，而这是你想要或应该与你的上司交流的。可能你已经很了解他了，在你开始新工作之前要与他商讨、明确问题。有些问题还可能在工作前的面谈中已说过了，这也许就启动了你的新职务。你还可能因为人们觉得对你的认识已足够深入而不经历任何正式的面试而被提升。你因你的业绩记录和你在以前工作上的管理能力的展现而被发掘。

是否需要这样的面谈，你应与你的上司商量。你也可与他开个小会来讨论一下你准备如何向其他人“讨教”。这样他就不会因为你要与其他人开会而感到惊讶。你将会很快学会适应的，以为经理往往想给人们一些新奇，这就要求你在做决定以前与你的上司分享你的计划。比如你还可以告诉他你可能被邀请与总经理一起开会。

是否方便与是否容易接近也是决定什么时候见什么人的重要因素。你的上司是否经常旅行？他是否有一个开放的政策？如果有人想见他是否要提前相当长的一段时间预约？他的办公室离你很近还是在完全不同的地方？你是否意识到他有什么时间限制使他不能与你会面？

在决定与他见面的频率以及见面时间的长短时，这些因素都得考虑进去。与此同时你必须有一个你自己的议事日程安排表。在你与他面对面坐下时你还需征询他是否介意你对你们谈话的内容做记录。

以下是一些你应与你新上司阐明的问题。按重要性排列：

- 询问最近包括你新职务在内的工作岗位职

责。如果没有，就让他和人力资源部制定一个。

- 询问你“自由行动”或运用权力的范围。这就是你在不用请示他的条件下能做或能决定的一些事项。它应该包括以下几点：
  雇佣与解聘雇员的权力
  价格与销售的决定权
  索赔问题的决定权
  非资金项目的采购权
  与你工作性质相关的其他一些问题

- 他期待你与他怎么交流（方式、频率、主题）

- 他对你的期待（六个月或一年的期限）

- 有优先权的事项

- 部门的长远目标

- 对于他来说至关重要且与你相关的工作？

- 你和你的业绩怎样评估？多长时间评估一次？

- 他期待你所关注的事项

- 他对向你汇报情况的人的评价

- 你个人在一年中的目标

也许你不会得到直接或坦率的答案，但你还是应该问询在他眼中你的长处与缺点，或在他看来你晋升或被雇佣的原因。这可能为你提供一个特别的视角来观察他对你真正的期待，或者能够反映出一些你部门中隐含的问题。如果在你的职位上曾经有过前任的话，不管他是被晋升了还是终止了与公司的关系或是辞职了(自愿或非自愿)，你上司对这一问题的回答都值得你仔细考虑。如果此人已不在你所在的公司，他离开的原因对你来说也是很有价值的。是因为：

- 表现？
- 薪金？
- 人员管理？
- 与人争执？
- 忠实？
- 其他地方会有的更好的机会？

你得考虑那个人的离开是否因为这些因素，特别是这些因素有可能会用来衡量你的表现。

谨记如果你对上司的回答或解释还有异议或不懂或需明确的地方，你应明确地向他提出。你不会在日后向他提出“你为什么不在第一次讨论时就说”的问题吧。

最终你是否认同并不十分重要，毕竟他是上级。但是你可以有所保留，只要这些保留的问题不会使他十分吃惊即可。对问题的长期保留本身并不能总是使你处于有利的地位。

你与上司早期的不同意见并不是说你要与他进行争论。你不太可能赢得这样的争论，这最后可能导致为相互对抗，也有可能得到不实的支持或是忠实。

也许他不想或不能回答你所有的问题。你问的关于你前任的话题也许就是这样的问题。如果他不能提供任何解释或评论时，你可以温和地问他："为什么你不能或不想回答这个提问?"他也许会作解释，也许不会，但就此而已。

尽可能避免用"是，但是"来回答问题，特别是在你不认同某一观点的时候。这其实是对礼貌的一种误导。在这种情况下使用"但是"就已经是有争辩的意思了。这也是一种表达你不同意见的方式，你还可以说一些类似于"我听您说"或"这是个有意思的观点等"或"我以前没有那样想过"一类的话来代替。然后，你再将你的保留意见以一种开放问答的形式表达出来。

比如你问他希望你通过什么方式来与他交流，他可能会耸耸肩告诉你："我把它留给你了。"

你可以回答："您认为在最初的几个月每周我开例会怎样？这样对于您想了解的问题我就能培养出好的感觉。"

这样可显示出主动性。你不是在和他争论。这等于告诉他，与当前事务相联系对你来说很重要，同时你对他想知道的事情也很关心。这给了他再次考虑的一个机会。

你不想在第一次交谈中占用你上司太多的时间，你可以建议他是否可将一些问题置于第二次谈话中讨论。然后把你议事日程的其他安排告诉他。这不仅不会使你呆得太久而不受欢迎，还会给他时间来考虑怎样回答你的问题。记住没有人能在没有准备的情况下阐明战略、规定目标等。不要使你的上司陷入手足无措或胡乱给出一个答案的境地。

3. 你的新下属

现在该是与你的新下属见面的时候了。两种会议需要推荐一下。

全体会议
"一对一"的单独会议

对于全体会议来说，为了消除人们的紧张情绪，应该先准备一个日程安排和正式邀请。这个会议很难说会需要多少时间，所以最好将其安排在下午的晚些时候。这是因为如果该会议占用时间稍长的话，不会引起人们的不满，因为他们在一天中的早些时候可能开了会或做了其他工作。

建议日程安排中的话题有：

自我介绍

团队中成员的自我介绍。如果你对他们足够了解你可以来做这件事。但最好是由他们自己说几句关于他们做什么，在公司工作了多长时间，或个人信息的话。

优先考虑部门的事项和目标（基于你与总经理和你上司的谈话）。

团体内部应明确的问题事项。如果他们不十分愿意，可直接问一下他们每天工作中存在的最大问题是什么，然后还可以问一下他们怎样解决问题。你可激励他们都参与其

中。问一下他们对解决问题的办法或问谁还遇到过同样的问题。

当心不要使这变为一个抱怨的过程。如有这样的迹象就将重点转到寻找可能的解决办法上去。你总不至于让他们因为说出所有的困难而变得情绪低落或沮丧吧！

在这样的一个会上是很难得出结论的。与一个正式的工作会议相比它更像是一个相互熟悉的会议。你不应该想以某种失败来结束会议！口头举出一个讨论内容及所提出问题的摘要。你应该以感谢他们为此提出的问题及考虑他们所关心的事项结束。

与其他会议一样，掌控好一定的开会时间是一个专业的做法。很多人，特别是在他们没有相关经验的情况下，都不喜欢保持一定的开会时间。这被认为是一件徒劳无功的事。然而，它却是需要做的。你可以指定某人，也可以询问是否有人愿意做这件事，但这都不是一个好主意。不太有人愿意做这件事，它被证明是一件不太被接受的工作，而且由于选择某人来完成它时被选择者会感觉进入了某种尴尬的境地。由你来完成这项工作是最简单和富有成效的了。这不仅会带给你大家对你的感激，还可以由你来决定在会议记录中记些什么以及怎样记录。它还会给你表扬某人的好的想法或表现自己的机会，将事情引入积极的方向，还可以让你省略或增添你想删减或人们需注意的地方，而且你可以按你想要的方式去做。简述要点将会满足抓住会议重点的需求。很明显，结论、行动计划或达成的后继行动应被包括在内。

最重要的是通过你自己掌控的开会时间使你能够控制其他人讨论的范

围，这样你不会因误解或粗心歪曲了报告的内容而搅了大家的心情。由自己来控制开会时间是你职场生活中一种有益的权力。

很有可能在这最开始的会议上你会被问及做一些决定。同样你还可能没有进入做好这样一个决定的准备。可能是你没有这种权威，还有可能是你不知道正确的选择是什么。如果是这样，建立你的权威是很有必要的。这样你才不会被你的手下认为是懦弱，没有决断力或缺少权威。不要说你要向上级请示什么。即使你知道你必须就某一问题要先向上级请示，你也要注意树立你不能做出决定的形象。

用“给我一点时间来考虑，我明天(下周)给你答复来代替“我不知道”或“我做不了这个决定”这一类的答案。时间的范围由问题的复杂程度和要请示的对象来决定。

这样的回答是容易理解和接受的，这也可以在你真需要向上级请示时给你足够的时间考虑。你可以做出一个合理的答复而不被认为是没有权威或还没有准备好。你仍在负责任，仍然由你来做决定。让你的下属认识到这一点很重要。这样他们会把你视为他们的经理，一个他们需要答案和决定时他们应该去找的人。

对于个人的会议，不需要正式的议事日程。主要是需要一个谈话的机会来相互了解。建立一个宽松的氛围，使其放松。和他/她谈到：

> 他/她的家庭、目标、兴趣爱好，他们的工作(工作中喜欢与不喜欢的)等，鼓励他们谈话但并不要显示出爱打听别人私事的样子。

表现出兴趣与同情心。

作为他们的新上司，他们对你的期待是什么？

他们对集体会议的看法。

强调为了集体的成功，你需要他们的帮助、支持与合作，而他们也能从你这里得到相应的回报。向他们保证他们永远可以带着问题来找你。

答应他们在最初的几个月每周定期开例会以便他们习惯与你交谈。一旦知道会议的成果就可以了解多长时间你需要正式召集会议，或只在需要时开会，并建立开放的沟通方式与对话方式。

如果在办公室中找不到谈论的好心情，就像前面一样出去谈，如果你这样做了，切记你不只是去那儿成为“酒友”，而是要在新的工作关系中相互了解。

4. 你的前任

有可能你的前任还留在公司内部。如果他在的话，没有人比他更能成为对你有帮助的人了。有时候新经理会犯忽视其前任的错误。往往他会急于表现出他不仅可以把他自己的工作做好，而且还会比他的前任做得更好。他会错误地认为极大的改变是对于成功唯一和快捷的回答。

这从人的天性的角度来看是可以理解的，但从商业视角来看却是错误和缺乏远见的。

极有可能没人比你的前任更了解你的工作。他曾经在该职位上任职，他可以解释他怎样做以及为什么这样做，他能把你看起来并不合理的地方通过解释变为合理的。他可以给你们部门的发展情况，以及部门和人员提出看法。他知道哪些错误是该避免的和哪些是需要注意的，他是一种潜在的资源，忽视他的存在是完全愚蠢的、没有眼光和自以为是的。

这也并不代表你前任所做的事情都是对的，你只要超越他就行了。这意味着倾听他的言语会比不这样做能使你更快地适应环境。如果你对他做的事及做事的方式满意，你可以按照他的模式进行。如果不行就制定出一个需要改进的计划。如果你不想做出急于改变的想法，就给出 3 ~6 个月的时间来熟悉你的工作、下属。一个新任的经理经常是为了改变而改变，或确立一些他已经在负责或已知道需要做的事。

给自己一些时间。并不是所有的事都像第一眼看上去的那样。在真正了解你的下属和会发生什么事前做出一些改变是会把事情搞糟的，也会使连惯性和动力变差，顾客可能被弄糊涂。做事前把事情一定要弄清楚，仅是对某一雇员的最初印象来判断是错误的，不管这是积极的还是消极的。如果你的同事现在要向你汇报情况，他们可能不再用同样的方式与你交往了。了解人的优点与缺点是需要一些时间的。你早些时候犯的错误，产生的影响远比你想的持续的时间长，这很有可能会使你后来的工作变得很被动。

也许你对前任做的事可能会有不同的看法，但你前任的观点、看法还是很有价值的。千万别把他当做一个白痴。通过咨询，他可以告诉你好坏与不同，你可以避免犯他同样的错误。你还可以在此过程中与他成为朋友。

无视他的经验与知识只会导致不满和对抗。而你对二者都不需要。

即便你的前任已不在公司，还是要试着去找到他。如果可能，一定要找到他在什么情况下为什么离开，并且从中学习。如果他是被终止工作的，你就要知道他犯了什么错误，以使自己不再犯同样的错误。如果他去了一个可能更好的地方，那么就找出他离开的原因。是公司有问题吗？如果有，是什么？你能列出这些问题吗？很少有管理人士只为了更高的薪金而换工作的，找出其他可能的原因。

5. 财务经理

很难想象你处在一个管理岗位上而不与财务发生任何联系。在许多公司里，财务总监其实是实际上的二号人物。不管 CFO 在公司管理层中处于怎样的地位，你都要想到你怎样与财务部门进行，了解他们问题最大的地方是什么。在很大程度上，CFO 管理着公司的资金口，这不仅会影响你而且会影响你的下属和工作。

总的来说，每个公司的绝大多数部门都想要更多的资金以供支配，而财务上却希望每个部门花的钱越少越好，这种冲突是很自然的。没有一个公司可以在所有的领域都做出投资。这就意味着对于有限的资源总是有些争议的。从某种意义上说，你现在是领导，也会被这种竞争牵连进去。你不得不为自己所需的资金去争取。不管你是为了员工的福利，还是为了工具、装备或其他方面的流动资金。如果让 CFO 从他的角度来向你解释为什么要公平地占用资源，那么在这种情况下你该做些什么呢？

找出那些你应注意的方面，比如，票据、库存情况、旅行支出、工资支出等，这都由你来决定。尽量表现出你的思想开放、注意成本以及对公司财务健康运作愿意做出自己的努力。这可以使公司财务的大门永远向你敞开，你将获得所需的帮助与支持。

6. 人力资源经理

更新人力资源的方针。找出你部门中自己没有意识到的、悬而未决的问题。听取雇佣和解雇的情况。

人力资源部门，正如其名字所含有的意思一样，对你来说这是一大笔资源。他们可能是中立并有助于你的。要了解：

表现评估——怎样？什么时候？后继步骤，认证等级等。

赔偿程序——纲要；细则。

发现、培养组织中“先进”分子的方法。明确有无此种事项，如果有，怎样进行？

获取你新工作中应注意事项的建议。人事纠纷、利益、假期政策、可能的奖励计划等。

查看你下属的个人档案，这样你可以了解他们在公司中的背景。

找出人力资源部门希望或必须知道的人事问题。如果你想了解任何一个下属就找人力资源部门咨询。他们的职责就是帮助您。

7. 其他经理

你应该了解其他总经理的“直接报告”，他们也应该了解你和你所做的事。你怎样与他们相处以及花多少时间相处，取决于机构的大小以及管理层次的多少。公司越大，管理层次越多，你与高层管理人员接触的机会可能会越少。

有必要强调一下销售和市场部。这是使你生意获得经济上成功的部门，可能也是对你们部门表现做出反应的部门。尽可能地协助它们，它们是为你创造收入的部门，没有了销售，你的工资将无法保障。

不管你的公司有多大，结构怎样，你将不可避免地与和你处于同一水平线上的管理人员共事。对于你来说他们是很重要的人，是你的平级同辈。花些时间和他们交往，他们会成为你的朋友，会为你提供很多有用的信息，或是在你有什么想法时成为你的宣传媒介。

8. 顾客

不管你从事的商业行为性质如何，最终能帮助你发展事业的都是你的客户。但到底谁是你真正的顾客却是一个值得讨论的问题。是批发商、代理人、政府、零售商、消费者或你公司里的另外一个部门？顾客怎样认识你们的公司对于你们的成功非常重要。

你们的形象是怎样的？
你们的产品声誉如何？
你们的售后服务怎样？
客户与你们的联系是否方便？
你们的灵活性如何？

你们的价格是否被接受？

对你们的答复顾客是否满意？

你们还应如何改进？

顾客是一种非常有价值的信息资源。很大程度上是无与伦比的资源。要充分利用这项资源，如果想得到上述问题的直接答案，你就必须亲自面对你的顾客。你应该像销售人员完成日常的工作一样做工作。拜访销售经理，告诉他你的打算及原因，并让他帮你安排每天的实际工作，那将是非常有益的。

当你和销售代表一起工作时切记你不是去监督、批评或判决。你只是去听、观察和学习。与他们一起分享顾客的反馈。你不要对销售代表的表现做出任何否定的评论，这样做可能会影响你与其他代表的关系。

C. 结论

本章中所述的过程显然是需要时间的。你可能觉得你没有时间，你需要挤出时间。但这些时间的花费是有益的，你最终能从中节省真正工作时的时间。你也会更快地度过学习的这段时间。你因此避免不这样做会犯的错误，也会为你所需的支持做好准备，你的上级、平级、下属都会因此而对你有一个积极好学，愿为公司尽力及合作精神等有一个好印象。这对你是很有益处的。

第二章

计 划

招募人员、组织、管理与计划构成了管理责任的四个基础，而且它们之间的联系是相辅相成的。你所有的工作——所有组织管理都可从这四个支柱基础中找到。如果深入涉及这些领域，你会成功地启动工作，这些是不能被忽视的。作为一个新经理，你需要专注于什么是开始工作的重要事项，这会在下一章中涉及。计划是另一个重要事项，在此介绍对于任何其他计划来说都很普遍的常识。

与其他管理领域相比较，计划是更高度专业化的领域。我们在此所要讨论的并非要使你成为一个计划方面的专家。如果作计划能使你最终转变你对工作的一种激情的话，那么你就必须学习许多优秀的培训课程及翻阅许多综合性的书籍。相反，我们关心的是每个经理都需要知道和懂得的。由此，作计划成了每日公司生活的必需(它也成了你私人生活的一部分）。在没有作计划之前，你不知道行动的方向，也不知道如何前进。

并非所有的计划都要见诸于纸端，特别是在酝酿阶段。但它确实应该存在于某处，或者在你的脑中，或者由你写出来。由于计划需要用来交流，所以这里只重点强调正式的计划。

两项计划问题将涵盖其中：

- 计划的必要性
- 每项计划都必须遵循的基本规律

A. 必要性

根据你领导的部门大小，你会对计划有一个大概的设计。你的老板可能已经告诉了你做什么以及你和你的手下应完成哪些任务。每个人都应该有一个责任范围。

为何要在计划上花时间呢？就是因为商业不是静止不动的，是处于一个不断变化的状态中的。影响一个公司的因素很多，变化也很多，而且常常难以预料：经济、竞争环境、人、组织结构、责任、价格、优先权、产品项目、汇率、规则、可用资源、利润等。这些因素或其中的某一个因素可能会改变或要求我们用不同的方式处理问题。

有一个能预见到如此多的潜在可变因素的计划将会使你的公司从被动做出反应进入到主动的状态。行动总是比被迫行动好一些，因为它能带给你更多的选择和控制的空间。自己主动做决定好过别人给你做决定。把行动看做一种进攻，把被迫行动看做一种防御。因为通常在一场战斗中，进攻者都有对他有利的意外之事，凭借这个，他比防御者将会有更大的获胜希望。

即便你认为你的部门只是你整个工作团体的一个极微小的部分，但你仍要做好在以后的时间里经历变化的准备。

如果生意扩大，计划则要考虑以下内容：

增加的人员与工作量。

由于人员与工作量的增加会对你及你的部门提出更高效率的要求。

更多或不同资源的调配。

应明确或贯彻的具体培训。

需要的软件升级。

大量工作人员所需的更多工作空间。

这些可预料的考虑也应包含在一个计划中。上面的这些原则对于一项计划来说是不可替代的，对于个人来说也并非全无需要。当你与你的下属被期待的时候，你不太有可能被给予一张指明的该去哪儿的地图，更不要说你应如何去哪儿或路上有什么障碍。也许你的目标可以非常明确的确定，不管是长期还是短期的，但你应做好应对它们的计划。

做计划时，一定要清楚任何计划都包含有重要的推测和做出的某种假设。你不可能预见未来，你的一些假设有可能是错误的。从军事角

度看，一个作计划的专家，有时候意味着好的作战计划在与敌人刚一接触时就过时了。但是没有一个指挥官会认为在开始一场战役时不需要提前制定作战计划，就像在任何情况下不需要制定相应的计划一样。

你也许会笑话这样的比喻，但有一点你必须清楚——今天，为了市场份额、降低成本、提高利润、增加销售甚至自身的生存，每一家公司都处于战斗中。想想今天航空业所面临的境况吧！

也许你会说我们的部门远离战场前线。但想想你们公司内部的情况吧！你和你的同事为了资源与其他部门陷入了斗争。每个人都想要更多的资金和人员、空间等，你们为此而竞争，但并非每个人都能得到他想要的，因为总的资源是非常有限的。如果你不信的话就回想一下你的第一笔预算吧。这种内部斗争比外部的还要激烈。你如果想要胜利的话，你就最好有一个可靠的计划来支持你！

如果你仍怀疑一个可行计划的必要性，那你就想一想那些想要从外界获取资金开始其事业的企业家和发明家吧。你能想象哪家银行或风险投资家在没有看见或评估申请者的计划时就给他们提供资金吗？不会这样，没有计划就没有资金。这同样适用于你。

B. 计划的基本原则

许多公司只要求遵循一种固定的计划模式，特别是一个预算的计划更是如此。因为这有助于整个公司的综合计划的制定。如果你的公司很大，并且是一个管理良好的企业，每年例行的计划递呈将是对不同部门的一个要求。这包括：

- 市场（销售、市场调研、产品经营、广告等的综合情况）
- 财务（税务、资产管理、资金流向、资本开支等综合情况）
- 信息技术
- 研发
- 制造，质量保证
- 人力资源（人力、培训、利润、设施计划等）
- 材料管理（货仓、采购、运输、分发等）
- 公共关系
- 经营部门/附属机构

由于每一项可能又包含着更细的部分，那么计划的制定会相当费时，所以才会有许多指导来保证不会浪费时间。

通常情况下，你与这种长期的计划之间会因你现在所处的位置而受到限制。你做事的某些自由将被限定。我们现在就那些不太正式但要求同样严格、同样重要、你同样要为之负责的计划来进行讨论。这也是在总体计划之下你要考虑维持你部门运转并要呈交你的上级认同的细则。

起草一项广泛被人接受其内容的正式计划，必须遵循一些程序与格式。请谨记下列一些问题，因为这些是必须见诸于任何计划中的。

我们现在处于什么样的一个状况？

我们的目标是什么？

我们什么时候达成目标？

我们前进路上有何障碍？

我们怎样达成目标？

如果这五个问题得到了解答，那么不管答案有多长，你就已经有了一个计划。

让我们用专门术语来依次看一下这些问题吧！

1. 事实陈述/情况分析

这一部分包含了第一个问题你可以称其为“我们现在处于什么样的一个状况”。由此你列出我们所面临的问题，结论便由此得出。哪些事实被分析了，哪种类型的计划就会被列出，比如：

- 一个市场计划包括：销售记录、生产线及产品、相关股票及市场调研信息、价格比较、竞争产品增长情况及市场中的位置、竞争的公司及其优势和劣势、宣传支出的记录及其对销售的影响、利润分析等。

- 信息技术计划包括：装载软硬件的解释说明、雇员情况、支持服务、客户关系管理的问题、现存问题及缺陷。

- 客户服务计划包括：服务客户的数目、需求数量、实用性、电话咨询或帮助的数量、回复时间长短、服务水平、投诉率。

这些计划都还应包括人力、设施、培训、信息资源等内容。

2. 问题与机遇

这些是从情况分析中得出的结论。绝大多数问题如果能被彻底解决后将可转化为机遇。例如：

- 你已明确了产品、市场、环境、法律或竞争环境等问题，并决定怎样利用这些问题。

- 一次软件升级/修改带来的实用机遇。

- 对于客户的要求更快捷回复的意义。

- 如果更换包装是否能使成本降低及视觉效果更好。

这些是你可能经历的一些问题。

找机遇就是第一眼看上去只有问题的地方。看到我们面临的问题总是比找到利用它们为我们谋利的办法容易一些。解决这一问题的关键

在于看清什么是真正的问题而非看起来是相似的问题。从你的下属处广泛收集信息确保每个方面都涉及，不管是问题还是机遇。不要粗暴地对待问题，而是要将其转化为机遇。

3. 战略与战术

这部分问题包括"我们的目标是什么(即战略)"和"我们怎样达成目标(即战术)"。战略与战术这两个专业术语就其深度与广度来看可能不适用于所有的计划。但它们在你规划你的目标以及什么时候以怎样的方式达成目标时却是非常重要的。在阐述战略战术之前，你可能选择用一个单独的段落或章节来陈述你的目标。在一个有关市场的计划中你肯定会这样做。作为一个财务计划，你可能有一个减少你收到应收票据天数的目标，或是在几周、几个月内减少库存或开支的计划。如果是这样的话你就得具体筹划怎样做才能达成目标，什么时候达成目标以及你对目标达成的预见和为达成目标你现在所需要的资源。

4. 预算/资源

由于战略与战术以及目标的设定基于某些假设之上，所以有一定支持这些假设的预算是必须的。如果你足够幸运，可能不需要后续增加的资源，但很有可能你还会需要更多的资金。这可由金钱或其他可测量参数来测定。比如：

增加的人数

办公场所的面积

软/硬件的选购及升级

资本支出

机械或设备

培训

市场调研等

如果销售与成本结算也是可预见的，那么它们也应被测定。

5. 检查与控制

对于计划的检查应在其被决定前进行，并执行有关的修订。这是防止意外的重要步骤。

C. 总结评论

一些总结排列如下：

- 一项计划并不一定要用大量的纸张。简洁明了总是被读者所认同的，同样也比计划的长短更重要。避免模糊难懂的语句，也要避免一些老套的话语。比如：“在一天结束的时间里，此时此刻，大概，老实说，底线，基本上，至于等。

- 正是因为你不直接销售产品给顾客，所以你还有一样产品要销售给组织内部的人。比如：信息技术部门的顾客是电脑与软件的真正使用者，而产品经理的顾客则可被看做是销售团队与真正产品的购买者。一个合法的部门总该有一群需要为之提出一个观念的一群人，所以在做计划时一定要将你的顾客考

虑进去。你不得不销售你的计划，即便只是为了你的老板。

- 如果你的计划比较长，并且在开头或结尾处有“执行纲要”的话，这一部分最多不要超过一两段，并强调你希望怎么做，为什么要这样做以及达成目标所需要注意的事项。

第三章

雇佣员工

没有什么比给你一个组织配备最好的人员更难的事情了。这种事情是没有捷径可寻的。经验比其他任何事情都重要，会最终决定你的成败。只有时间会给你挑选哪位候选人的自信。应设置一些有关面试技巧的培训，应更多注重方法与技巧而非面试本身。最有经验的经理在雇佣员工时容易犯很多的错误，这不是什么稀奇的事，有时百分之二三十的新雇员最终并不令人满意，这也没有什么不正常。

不论是一名员工被提升为领导，还是他被作了横向的调整，这不一定都能保证其成功。新的岗位对人提出了新的要求，但并不代表满足了这些要求。能成为一个好的产品经理或客服代表并不一定意味着他就能成为一个好的市场经理或“客服”经理。能把一项工作做好和能

让别人做一项工作是完全不同的两件事。一个好的管理“事”的经理并不一定就是一个好的管理“人”的经理，反之亦然。

当你要雇佣某人时你应将此牢记在心。这是一个带有强烈主观印象的过程。唯一的学习方法就是持续不断、承认你会犯不可避免的错误，要避免第二次犯相同的错误，并广泛吸取他人的经验和技能。

A. 招聘

很有可能公司的政策会限制你招聘的自由。你可能不得不只在公司的内部招聘，也可能会在特定的报纸或期刊上发布广告招聘。你可能还需要在互联网上寻找候选人。通常一个外部的招聘者会被录用，也许公司会为家属提供这样的工作机会，但其他更多的公司不会鼓励这样做，甚至禁止此行为。

招聘工具的选择也由当地的劳动力市场决定。如果当地的劳动力市场不能提供合格的人员，那么对于网络的求助就要高于非雇佣时的情况。这也决定了广告的大小，一般情况下当地报纸的广告栏有两行即可。在劳动力竞争激烈的情况下，招聘广告会在一份全国性的刊物里占到25%的版面。

不管你的公司招聘时使用的是什么样的方法，这种方法可能已存在很长时间。在被人们认识到它有不成功的地方前改变它并不会带来多少益处。

不论你使用何种渠道，在招聘工作开始之前你必须准备工作岗位的规范要求。这应包括，但不仅限于此：

最低和理想的学历要求

最低和理想的相关经验

语言的要求（母语外的其他任何一种语言）

岗位描述（责任、义务）

雇佣的类型（临时性的、永久性的、兼职、全职等）

工作地点（办公室、销售区域、货仓、区域办公室等）

汇报关系

理想人选的简要描述（有积极性的人、勤奋工作、良好沟通技巧，团队工作等）

福利及津贴（如果公司政策允许的话）

诸如年龄、婚姻状况、宗教信仰等问题你可能需要明确。这些全由你所在的国家决定。你可能希望应试者将他们的申请连同他们的照片一同交上来，但这些要求却被认为有着潜在的歧视性在里面，它们是被法律禁止的。弄清楚什么是你可以要求的。你应不想冒被某个没有被录用的人起诉的危险吧！

这些事项应提供给管理雇佣的人员。如果要在报纸或杂志上登广告，一定要首先检查计划中的文本。

在你招聘之前最好也让你的下属知道这件事。你不要让他们感到惊讶也不要让流言和无根据的瞎猜横行。招聘也不应在你的上级认证了以后进行。

B. 面试过程

在大量的申请出现之前你应做一些决定：

如果不是全部，那么多少申请你想看呢？

你个人想面试多少人？

你还想让谁来面试应聘者？

关于第一个问题，答案由申请的数量及质量决定。如果你们有一位很有经验的人力资源经理，让他来帮你挑出不合格的应聘者，是一个明智的选择。如果你担心自己没有亲自审查这些申请而使某人漏掉的话，那你就应该坐下来和人力资源经理谈谈，让他告诉你那些人为什么不符合你的要求。

对于第二个问题的选择似乎更加困难一些。一般来说，面试多于五个应聘者不算多。问一问人力资源经理或在那儿帮你的人，让他把申请分为三类：

a. 优秀、合格、“必见”的应聘者

b. 有疑问者、“也许可以”的应聘者

c. 不合格者

排除掉C类应聘者，将其申请退回并写上“谢谢！不用客气”。每一个应聘者都享有这种平常应有的尊重。

将B类应聘者挑出以备检查，当A类应聘者没有合适人选时备用。

注意 A 类应聘者。很有可能这一类只有不到 3 个或 5 个人。将其按你所需要排列。可能会有一个远远超过其他竞争者的人。但你仍需邀请其他两三名应聘者，以便你更好地比较，或是在你认为这样的竞争者也不能使你满意或他拒绝你给予的工作机会的情况下有回旋的余地。

另一种选择是让人力资源部面试所有被视为合适的人选并选出三个最符合你要求的应聘者。这一可行性基于你对人力资源部能够选出你想要的人选怀有充分的信心与信任。重要的是这是一个流动和互动的过程，它需要你与负责雇佣的人之间有不断的对话和交流。

至于谁还将参与面试取决于以下可变因素：

职位的重要性

你部门外需要的共事者

你对正确人选的确定程度

公司政策。你没有太多的选择，政策可能要求至少 4 到 5 个或更多面试者。或者总经理坚持他要在聘用前见所有应聘者。

公司大小及结构

如果你能选择的话，在做决定的问题上是需要争取一些平衡的。对于一个应聘者来说，要经历很多的不公平。他会因面试本身和不停的答复面试中众多相似的问题而疲惫不堪。他会怎么想？没人能够做决定吗？你对提供一份工作给一个人怎样决定？你们会投票决定吗？决定不一致怎么办？你可能开启了一个极为棘手的局面且无法结束。

对于帮你面试那些应聘者的人来说这也是一种负担。这需要耗费大量的时间。他们除了面试别人外还必须前前后后地介绍自己。如果你最后忽视了他们的建议和反馈，他们不仅会对此感到不满还不会愿意在第二轮面试中帮助你。

另一方面，你对面试还没有任何经验，抛弃别人的经验非常愚蠢。因此，一些妥协是必须的。

你的上司、帮你面试的人和你自己应该面试所有被选中的应聘者。如果你们一致认同，就在最终决定前对表现最好的一两个应聘者再做一次更深入的面试。

如果你们之间有什么不同意见，就让其他人再对最好的两三个应聘者面试一次。简述对某人的担心的问题并问问面试人的意见。

不要在短时间内安排过多的面试。面试是一个非常累的过程，同时它需要投入全部的精力。给每位应聘者足够的时间。记录下你面试的内容、应聘者明显的优点与缺点或其他一些相关问题。一天最多不要超过两个面试，一个在早上，一个在下午。

在这个阶段，你可能还不能完全做出最后的决定，而且让其他人参与其中也是非常正确的。但要记住应聘者将来要向你汇报，你将单独承担责任。所以，在对其他人应有的尊重的基础上，不要让他们替你做决定。对于你的新雇员来说，谁最终雇佣了他们也不应成为他们有疑惑的问题。

以明确地提供给某个应聘者工作来结束整个这一过程——作相关的背景调查——得到应聘者的保证。最多，他应给予一周时间来决定是否加入你们。如果他需要更多时间，有可能他是在闲逛，这意味着他并不在意他将在那儿工作。这不是一个好的预兆。如果他不是那么渴望为你工作，你可能会重新考虑。

C. 找到“正确”的人

找到“正确”的人是招聘的唯一目的。所以，哪怕你只找到了一位适合于你，适合于工作的出色应聘者，那么你就已经成功了。申请者的数量不重要，关键在于找到你想要的那一位。而只有你懂得对于你来说怎样才是“正确”，你才能找到合适的人选。如果不知道“正确”的组成，你将会漫无目标地乱找，你只能依靠运气了。

决定理想的人员有什么样的技术水平，要比决定他应具备有什么样的品质简单许多。而要只通过面试和观察准确评估他是否具备这些品质更困难。

在第一次面试前准备一份你需要人选的清单将起到很大的帮助作用。对于你要找的人选，不管是技术方面的，还是品质方面的都应分成“必需的”和“理想的”两种。

以下是你可能要找的人选的一些特质：

1. 必须的品质

激情：不管职务如何，一个人应该对他所从事的工作抱有激情，没有激情就意味着不关心。

态度：有了正确的态度就能够克服许多障碍和其他问题。

精神和道德上的坚韧——勇气：你很难依靠一个在坚毅与勇气上都产生疑问的人。这似乎也很难教给某个人，而且在我们面对困难时，这种品质是十分重要的。

正直：我们得和各种各样的人交往。而在我们的雇员中，有的甚至没有正直可言。

努力工作的态度：你希望有人向你报告说他不准备努力工作吗？

诚实：我们通常理所当然地这么认为。但另一方面每个公司都有存在审计的理由。然而很不幸的是不诚实的现象经常被发现。确定你不必为此担心。

信任：对于这个问题有两种认识。一种是直到某人被证明不值得你信任，否则就信任他/她。另一种是直到他/她被证明值得信任，否则不要信任他/她。第一种选择比较实际可行，不然在一个人没有赢得被信任的权利之前你将无法得出结论。这是比较积极的一条捷径。

学习的欲望和能力：这比一个人拥有的个人经验与所受教育都重要。一个人渴望学习以及快速的学习能够弥补他所不知道的知识。

自我激励：每天都有人激励我们吗？也许不是，所以只有我们自己激励自己，寻找一个能在必要时刻会自己激励自己的人。

主动性：向你汇报的人越多，你指导他们怎么做的时间就会越少。你可能时常会离开你工作的岗位。为了你们的成功，你的下属必须有主动性。

创造力：你不能教会一个人如何有创造力，就像你不能强迫一个人爱你，你也不能强迫一个人有好的想法。你要寻找的是将人们带入到工作中的创造力，这会使你的生活更容易。

化学反应：这是一个人的个性问题。与人交往是否能合拍。他人在找寻什么，在你的处境上又会怎样做。如果最合适的人选与你不合拍，要想与他成功共事将是非常痛苦的。

动力及志向：并不是所有人都有有朝一日成为CEO 的理想。总是将工作干得最好也是一个志向。这也是你应有的最低目标。为达成此目标，一个人必须要有动力。你必须

挑战成为一流的表演者。一个有动力及志向的雇员会给你挑战自我的机会。

领袖气质：每一位领导者都会具备领袖气质。这不是可以教授的。在任何特定的雇员小组中，你都会发现一个其他人与之看齐的领袖人物。他自动会成为小组的代言人。他会求教于你。你会发现他有领袖气质，在你的候选人中找到有领袖气质者。

好奇心：这不仅仅是一个渴望学习的标志，也是一种兴趣，还是一个人不满足于现状的标志。说明一个人想开阔他的眼界及接受新的观点。

人际交往的技巧：不管我们的工作是什么，与人交往的能力都非常重要。我们不是在真空中工作，几乎所有人都需要与人一同工作，听取他们的建议，需要他们的支持。这些都是积极的表现。所有这些都基于足够的人际交往。

在压力下工作的能力：在今天的经济和工作环境下很难相信有没有工作压力的工作环境。压力变成了一种生活方式。如果雇员本身不能处理工作中的压力，对你来说会成为一个问题。

2. 理想的品质

果断：我们时常要面对做出决定的局面。你不应该是总做决定的那个人。即使你有明确的命令或指令，也不是每个人都能执行。那些拖延的人会把你逼疯。你可以将决定权移交至最低级别的人。你需要那些愿意做决定的人。在很多情况下，一个坏的决定比没有任何决定要好。寻找人身上的果断、决断性。

成熟：这是一个年龄和经验的问题。然而，有些人好像永远也长不大。你的工作越重要，你的年龄越大，你和你的下属就被期望越成熟。不成熟的举动就越不受欢迎。

个性：与人交往的技能联系非常紧密，一个候选人的个性也是值得仔细研究的问题。恶作剧、听天由命的态度、喜怒无常、讽刺或消极的态度对一个雇员来说并不受欢迎。你们的新成员不应使你因为团队的团结和统一而费尽周折。

领导：不要把管理和领导混为一谈。管理可以学习，领导基于许多可变因素，包括我们曾经讨论过的性格特点等。可以肯定的说，所有的领导者都懂管理，但并非所有的经理都懂领导。

犯错误：有些人是如此怕犯错误以至于他们不敢做任何事。营造一种可以容忍错误的氛围。雇用那些乐于冒险犯错的人吧。

智慧：智商的高低并不能一定保证成功。不止一个在某一方面的天才永远学不会管理。当然，为了学习，一定程度的智慧是需要的。然而，除此之外，更重要的是他如何明智地使用自己拥有的智慧。找一个不非常聪明但反应敏捷的人。

<u>**优先处理事务的能力：**</u>许多工作都需要我们能够优先处理。有可能人们会在同一时间内需要同时处理五件事。如果你既没有时间，又不想为你的下属规划需优先处理的事情，那就要让他们知道怎样处理。不然你就要冒所有事情可能都办不好的风险，或者导致最重要的事将会被最后处理的后果。

<u>**尊重：**</u>应该被尊重的是人而不是头衔。你新雇佣的职员应该清楚尊重是努力赢得的。他必须先尊重别人，才有可能赢得别人的尊重。

<u>**敏感：**</u>你的雇员应表现出敏感性。这应该是人际交往技巧的一个组成部分，但不仅仅如此。就是说要对其他人的文化、宗教、信仰、习惯、个性等……方面敏感。不同并不意味着好或者坏。一个敏感的人应接受那些不能改变的不同。

<u>**骄傲：**</u>不管一个人做什么，他都应为此而骄傲。为他的工作、他的公司、他的产品、他的同事、他的老板而骄傲，这表明他在意。

<u>**开阔的思维：**</u>很多问题都有不止一种的解决办法。人需要一种开阔的思维。没有一个人对好的想法持有专利。建议应被恳请但也须仔细考虑。对于对任何事情都有答案的候选人一定要小心。

团队精神： *这是一项非常重要的品质。如此重要，以至于应被列出而不至于被忽视。团队的目标应牢记。不管我们是否喜欢，我们都属于一个团队。如果有人不愿成为团队的一员，并忘记了团队的目标，将会成为你们中间的一根刺。*

对于不可避免的接受： *有一些人或事是我们不能改变的。你的新雇员必须接受这种现实。他不应该在他能控制的范围以外浪费时间。一旦他知道了改变不能达成，他就不应加入一场打不赢的战斗。他的时间和精力应用在他能做得更好的事情上。*

3. 必要的技能/背景

细节应由你为之招聘的工作而定。你所需的资历包括：

学历： *如果你的工作需要一名化学家，那你就别无选择。但很多工作，特别是那些非技术性工作，就给了你更大的选择空间。许多公司都需要大学学历。但这可能并不十分重要。一名高中生也可能成为一个好的销售人员。依照雇佣人员的需要和候选者的学习能力寻找相应的学历。*

经验： *你需要的销售人员一定要有多年的工作经验吗？他忘掉在其他公司养成的坏习惯需要多长时间？你可以教他销售技巧以及好习惯。考虑清楚你到底需要怎样程度的经验。*

<u>**电脑技能：**</u>*今天仍有不会使用电脑的工作申请者吗？也许有。所以，如果你需要的不是一个电脑专家，而工作又需要一些先决条件的话，你就要考虑教他一些基本的操作方法。*

<u>**财务方面的技能：**</u>*在任何办公的环境下，有一些财务的氛围是有益的。但除非你要往有关财务的职位上招聘，其他职位对于财务的专业程度并不是很高。*

不管职务如何，你招募人员必备的特点：

<u>**责任心：**</u>*设想责任心是可以学习的，但却是非常困难的，你不应该招录没有责任心的人。*

<u>**不推卸责任：**</u>*每个人都应该知道要对行为负责。他对此不应有任何疑问。*

<u>**管理时间的技能：**</u>*有的人不懂得如何支配时间，因为他们不精通此道，常常会工作很长时间却没做成一件事。这是不可接受的。*

4. 理想的技能/背景

<u>**谈判技巧：**</u>*谈判是妥协的一个组成部分。这必须学习。为什么不直接雇佣一个懂得谈判的人？*

<u>**交流的技巧：**</u>*随意处置的空间很小，横向的，纵向的。交流是非常重要的，很幸运，这种技能可以通过教授来提高。*

长远打算和战略思考的能力： *这由工作的性质来决定。但是为你做事的人能自动这样去做将会更好。*

忠诚： *寻找一个有着被证实的忠实记录的人。他们以前为什么换工作，他们现在又为何这样做?*

上述分类是比较随意的，不能看做为绝对的情况。对于“性格”部分的描述要多于“技能”部分也并非巧合。这主要是因为“性格”的东西是内在的。人的优缺点可以改进，也可以由经验、引导等来影响。但是如领袖气质、创造力等等因素，是很难教授的。而具备这些潜质的人又可通过训练来克服弱点。

5. 建议/考虑

在决定一名候选人时应基于他的优缺点以及你认为此人能学些什么或其他人不能教他些什么。但现实的努力都是为了长远的成功。

承认并接受几乎不可能找到完美的候选人的现实，几乎没有这样的人存在。这意味着你时常得妥协。但只有你能决定什么时候在哪儿妥协。比如，你想要找一个大学毕业生，但最好的候选人中没有这种学历，但却有聪明好学、有能力的人，那你就可以对此点妥协。

你还要基于工作的性质来选择人员。你应该想让你的队伍中的人员有发展和提高的空间。可能有一些特点当时并不是很重要，但日后会

很重要。也许你今天只需要一个办公室的人员，但谁又能说他将来不会从事销售的工作呢？为了满足这样的要求，你的候选人须具备更多的特点而不只是仅仅满足于一个职员的某些特点。

不管在这之前你怎样的小心谨慎，在一定时间内你都不知道你是否做出了正确的决定。你应该让你的新雇员进入工作角色一段时间。基于这种原因，有一定时间的实习期是必须的。实习期的长短由职位和公司政策决定。可能一般职员需要一个月，一个产品经理需要三个月，一个销售代表需要半年。从公司和你的角度来讲，实习期长要比短些好。比起延长一个实习期来说，完整成熟地完成一个实习期要简单许多。

D. 评估候选人/面试

确定了理想的候选人之后，你面临的是他们能否达到你的标准。有些因素可以明确地认识到。工作申请会告诉你他的经验、受教育程度。但性格和个性特点却不太好评估。

对于候选人提供情况的仔细研究可以提供许多有用的线索。推荐信也能提供许多的信息。人力资源部的经理能够解释参考信息中的细微差别。比如，“他总是做到了他的最好”，意思是说，虽然此人很努力，但他达不到人们所期望的。而“我们对这份辞职感到很遗憾”，则是“他将很难被替代”的一种表达方式。如果他从没有得到过晋升或没有正常的薪金提升或仅仅是一个谦虚的人，你就应该考虑他的做事潜力了。

在第一次面试之前，申请人应被要求填写一张问卷调查。许多公司都利用这种工作申请获得信息。不管申请人愿不愿意，为什么他们要换公司，他们喜欢什么不喜欢什么，工作及薪金的情况或与人交往的情况都应包含在此申请中，而且要求手写。

许多公司会让专家鉴定笔迹。如果你们公司也能这样，不管你信与不信，都要利用它。至少，他会提示你一下你没有想到的问题。马虎成熟的笔迹可能会暗示许多问题。

检查申请人的语法和拼写。为了更好地交流，他需要将他自己的想法正确流畅地表达。这对于其书面和口头语言都适用。

一旦你开始了面试，对一些问题你就要注意了。他是否不停地结巴，使用许多不当的俚语？句子结构是否紧凑？这些都是潜在的不稳定信号。

不要因为自然而然地喜欢某一位候选者就忽视了应该注意的问题。如果他只问钱或工作机会的问题，这意味着他有可能一有赚取更多金钱或晋升的机会就会离开你。

而另一方面，如果他不问问题，说明他的好奇心很低。对于在怎样的公司工作或公司产品、公司文化都不感兴趣，这也是令人担忧的。

问一问他是怎样将创造性带入其工作的。他怎样体现出主动性，怎样解决问题，从哪里入手。

他总体的言谈举止会告诉你他的热情程度、他的态度或是一些领袖气质的迹象。

也许你想知道他总体的知识水平情况。历史的、艺术的、地理的、宗教的、运动的或政治的等，这能显示他的智商，兴趣及真实的水平。这还能显示出他的开放程度及真实程度。

让其自由的谈话，不要打断。他说得越多，你就会越了解他。如果他不是一个健谈的人，将你的问题复述成为开放性的问题就尤为重要。用“告诉我关于……更多的情况”这类话来激励他，只是回答“是或不是”的问题一般不会告诉你太多信息。

不可避免你会碰到明显不是你要找的人。当这种现象持续十至十五分钟，或不能将谈话继续时，你仍要保持礼貌的态度，尊重被面试的人，并将面试以积极但并非态度暧昧的方式尽快结束。

他还在纠缠你吗？这不是一个好的信号。听的技巧很重要。

将他的言语与问其他面试者的相同问题的反应相比较，一样吗？如果不一样，这意味着什么？

最后，你必须承认这其中有许多的主观因素。你听到的未必就是面试者想要表达的。我们都会有偏见或先入为主的情况，这也是不能被忽视的。你最终要学会相信你的本能。但一定要对其他情况、信息再三检查。你们之间的化学作用不能被过分强调。在你学习相信你的本能时，一定要注意那些有经验的人的观察与感受。

E. 留住雇员

招聘合适的人要比长期留住他们要容易一些。但是如果你不能成功地留住合适的人选，他们要离你而去，你将为公司带来重大的经济损失，而且你还得再做一次并难以成功。

招聘过程是一个需要大量资金的过程。特别是要找一位接替辞职的人尤其如此。很多人根本不知道一个公司要雇佣一个新人需要多少钱。因为许多花费是隐性的。对于广告方面自己掏腰包的费用，出差的花销，请笔迹专家的还有招聘公司的价钱都好算，但以下事项则难以估算成本。

花在整理文档及广告中的管理时间

检查申请的时间

面试所花费的时间

背景调查时所花费的时间

审阅和签署合同的时间

培训

新人未上岗之前的生产或销售或股票等损失

在公司员工薪金、福利表上列入新雇员

使新员工融入公司的时间

新员工可能犯错误所花费的金钱与时间

可能我们不把这些花费弄清楚是件好事，或许我们不想再雇佣任何人。但这确实不是一个什么好的选择。我们只能通过让雇佣的好员工和我们在一起，来间接减少这些损失。他们和我们呆的时间越长，我们就越能抵消这些损失。

没有固定的程式能够保证人员的留存。但仍有一些事情你可以做，像本书中涵盖的，如是否在佣金、动机、公司文化或领导风格中能起到一些作用。经验表明，最初的三年时间是非常重要的。因为这是培养忠诚的阶段。如果你能将其留下如此长的时间，那你长期留住他的机会将大大增加。

在此要说明的是你将面临留住正确的人与由此而缩手缩脚的挑战。你所能做的事与能留住想要的人总是有限的。在这一点上你应放心，就是你有多害怕失去一个人，他就有多害怕失去这份工作。这是现在工作环境下不可避免地具有讽刺意义的事情。

F. 补偿金

行为心理学家会告诉你，当一个人觉得他没有得到应有的补偿时，钱绝对不是一剂很好的安慰剂。换句话说，在期望没有得到满足时，这一类的补偿不会激励人，只会减少人的兴趣。有人为这样的前提而争论。他们认为钱确实能激励人。毕竟，它是所有与表现有关的激励计划的基石。

不管你个人怎样认为补偿金与动力之间的关系，有一点可以肯定，即人觉得自己没有得到足够的补偿时就会不高兴。而不愉快会反过来影响生产效率。而另一点，可以肯定的是不管一个人挣多少钱，他总想得到更多。在任何地方都难找到一个不想要更多钱的百万富翁，似乎没人能够被满足。

再进一步说，几乎可以断定，世界上任何公司的全职员工都不可能只凭单位的薪金而真正变富。由选择股票而暴富的情况已经出现。

现实一些地讲，我们需要有足够的薪水来支持我们的家庭，因而不用为付下月的账单担忧。我们希望相对于我们的同事和产业来说公平地得到报酬。而后者一定要牢记，不同的产业职位会有不同的报酬标准。比如酒店业，报酬给得比较低，但他们提供饭食和制服，而且小费也不错。

在对其有个大概的了解后，如果你能左右或者很大程度上影响雇员的补偿金的话，一定要注意以下问题：

1. 内容方面

虽然薪水是最显而易见并被提及的补偿金，但它其实只是一名雇员所得报酬的很小一部分。你应该知道，也应使你的雇员知道法律授权内的社会保险、健康和人寿保险、失业保险、工人的补偿金、假期、退休金等都是应考虑的对象。这些附属的条款经常是非志愿性的支出，也因不同国家而大不相同。只是这些支出就与薪金支出持平甚至

有所超出。这就是人们应注意的公司除薪金外用于人员上的支出。这些后续的支出将是被雇员以后所享受的。最终雇员将从中受益。

参与到行业调查中可使你知道你们的补偿金是否与行业标准持平。大公司倾向于这么做。不同大小的公司，以及行业的不同可以很大程度上影响工资的标准。很有可能一家大公司的产品经理会得到比小公司同职务的经理更多的补偿。一家公司的产品经理会有人向他汇报情况，而在另一家则没有，这也会导致不同的薪酬。产品经理所拥有的工作经验，也可以从薪酬上反映出来。

而且，时间也应被考虑。这样一项调查需要历史信息。所以，如果你有获取这样信息的途径，千万别忘了向人力资源经理索取。

如果你不能得到这种调查，最好找出其他公司薪金水平的办法，就是查一下他们的申请。看一下他们现在能得到多少以及他们希望得到的或者其他雇主怎样给他们发薪水。报纸上的广告也许是另一个获得薪金信息的渠道，你将得到一个大概的情况。这将对你有所帮助。

你还可以参考同职位的职员的收入情况。新雇员的薪金水平一定要符合已有的薪金分配结构，不然你将面临一系列问题：不管是对老职员还是新职员。出于此原因，许多大公司都有薪金的分配范围与标准，每个新职员都必须遵守。

在制定相关增加薪金的政策时，为了避免意外，你应将时间问题考虑进去。如果你公司每年调整一次薪水，比如在一月份，而你在十月一日雇佣了新的雇员，他在三个月后，则不能列入工资增长的范围，这些在事先都应明确。不然，工资增长将按三个月的时间计算。

如果有试用期的话，也许在试用期终止前有些象征性的薪金增长比较合适。

还有一件不太可能办到的事是阻止人们讨论关于薪水的话题，不管此话题的保密性有多强，也不管他们被警告过多少次，该话题不应被讨论。可能你向他们说明分享这样的信息会降低积极性，会阻止这类事情的发生。一名员工在知道了他比同事拿得少会非常不高兴，反之，他的同事知道他比其他人拿的都低时也会不高兴，这实在是没有赢家的一个境况。因此，为什么要为它而烦恼？将情况向他们说明可以防止他们谈论此事，这也是你所希望的。

2. 需考虑的问题

就像前面指出的，对只想挣更多钱而加入你们公司的人一定要小心。每个人在换工作时都希望他们的收入有所增加，这是很正常并可以接受的，但他改换工作的其他动机你得注意。如果只是为了更高的薪水，他将因此而很快离你而去。还有一些人花高价雇佣一个好的员工，也许是为了挖走他。他在随后的两三年内不会有什么提高，但到时对你来说却晚了。

另一方面，你不想只因为经济原因而失去你最好的雇员。他可能比你能支付的钱还要多，这是创造力与说服力起的作用。

如果因薪金的结构而使你不能达到他的要求，你可做如下一些选择。

- 用基于表现的奖金或激励作补偿，即薪金的差额
- 出差、食品补助
- 如果可能，使用公司的汽车
- 用文件形式标出他在两年或两年半以后才能得到更高的薪水
- 他未享受过的你公司提供的额外津贴
- 由于他的忠诚同意三年后补偿他部分或全部薪金的差额

其实有很多向新雇员解释补偿金的办法，只是因为你的想像力和公司的规定使你受到限制，如果你们公司在该问题上没有给你灵活处理的权力，那你应和你的上级商讨一下改变现状。

你可能会面对一名非常渴望得到一份工作的候选人，他甚至可以为了“花生”而工作。但是，首先如果你付给一个人的是“花生”，那么你将得到的是一只“猴子”。其次，利用别人的需要，人为地以低薪雇佣一个人，迟早会给你带来大问题。最终，他会发现自己被少付了

工资。你要么会失去他，要么你就得对他的工资做出重大调整。这还会在公司下属间造成问题。为了避免这种被动局面，就要注意一开始就要做到公平地分配。

很少有像补偿金一样敏感的私人问题了。既然，一开始犯的错误是如此难以调整，那就在你犯错误前小心做事吧。

如果你对现在的职员考虑得越多，作为新任经理的你就越有可能在活动范围内受到限制。高层管理只决定总的薪金调整何时进行，就是提升薪金的范围。你要做的是要为你的部门争取一个薪金预算。在你权限范围内，你决定自己下属的薪金涨幅。许多公司为了防止个人喜好而影响薪金的决定，通常需要对薪金的提高设置双重认证。这意味着你要为你计划中的改变提供客观、有说服力的标准。

3. 方法

当新的薪金分配已经明确之后，你应告知雇员他们各自新收入的水平。这应和他们每年的表现评估相联系，而增长部分必须与你对员工的评估相联系。

为了维护你的威信，你应时刻让你的下属明白，是你给了他们这种变化，不管是好的还是坏的。永远不要说：“我想给你更多，但我的上司或公司不允许”这类话。这会降低你的权威，不要让他们认为你还需要其他人的认证或除你之外的其他人决定他们工资的涨幅。

另外，一个随着人事晋升而带来的相关薪金问题是，每个人都期待随着职务的晋升工资也有所增长。但有的公司却有着一个"一年期"的政策。你可能不能改变这种情况，但可以有例外。如果你被束缚，你要向雇员解释，虽然他得到了提升，但他的工资涨幅只能等到第二年的工资评估时才能进行。要这样解释这种政策，不要抱怨。

还有一种办法，但并非一个理想的选择是将晋升推迟至第二年的工薪评定期进行。

4. 其他的补偿金

如前所述，总的补偿金是包括工资在内的一整套收入。如对除了工资以外的补偿金做出调整将是一个非常困难而又费时的工作。有些人已主动进行改进。在你的上级或同级和人力资源部的帮助下，看看哪些部分是雇员们希望改进的，然后对补偿金或其他利益分配再进行调整。

不同的国家情况有所不同，你可以考虑以下选择：

- 表现奖金
- 激励性付款/旅行
- 延迟的补偿金
- 离职金计划
- 参加会议/研讨会等
- 退休金

- 住房、服饰、旅游、食品、教育、生活成本等补助
- 健康保险
- 安全保险
- 伤残保险
- 利益分享
- 节约奖励机制
- 销售竞赛
- 圣诞奖金
- 年终聚会
- 公车
- 员工使用公司所属度假别墅
- 公司远足
- 托儿所
- 公司储备
- 股票持有
- 百货公司代金券

其中一些实施起来不需太多花费，而且会取得很好的效果。有的则繁琐费钱，还有些则会受到法律的限制。

像公司远足则不适于上千人的大公司。对哪些是在一两年内能够带来

一两项效益的，哪些是必须的，哪些是要优先考虑执行的，要考虑长远一些。

还要考虑到就像所有的雇员都不一定有相同的薪水一样，不是所有的福利都适用于所有的雇员。在追求这些增长的执行过程中或在已有的规则改进过程中，一定要遵循公平的原则。

G. 结束

如果你从未解雇过某人，那么很幸运的是你不可能有第一次、第二次解雇人的事发生。如果你有同情心或良心这就不会是件容易且令人愉快的事。但总有大量关于某公司新上任的经理以骄傲和兴奋的心态削减上百、上千、甚至成千上万的雇员的事发生。这样毁掉这么多人一定心态有问题。解雇某人是痛苦的，对当事人来说也是灾难性的。在没有收集到足够的证据和调查之前不要轻易做这件事，最好不要做错事。

但很不幸，在有些情况下你必须让一些人离开。一般有五种让人“离开”的情况。

1. 因“故”

这是最明白的一种情况。当某些严重和不可原谅的违规行为发生时，某些人只能因“故”而被辞退。不忠是一种典型的情况。这包括像偷盗公司财物、做假账，其他不正当财务行为、明显违反公司政策或规程、利益纠纷、向未授权的人出示专利等违规行为。

这类错误行为表现出来是显而易见的。但必须提出，看起来黑和白的调合可以呈现出灰色的色调。以一名医药销售代表为例，在他被要求拜访客户一次后，在销售经理管理下又例行对客户进行了拜访。客户指定每次由他来完成此项工作。然后，这名销售员有可能被叫进办公室，并以伪造的造访记录而被停职。面对这些事实时，销售员不仅坚持见了这一位客户而且还详述了谈话内容。销售经理又拿了详细的谈话记录去见了客户，客户又有可能突然记起了这些谈话。这名客户工作太累了，以为是和一位病人打交道，走神了，忘记了销售人员的造访。这名销售人员因此而幸免。

在有一些国家，即使雇员挪用了公司资金，他还可以求助于法院。不止一个这样的案例在加拿大发生，某员工偷了公司的软件，但法院在有明确证据情况下并不认证。法院支持他应该先被警告的立场。

如果你因什么原因而被带到法庭，这会使你损失金钱、时间并带来不愉快，不管你是正确还是错误的。法官只想挣钱，经济解决的可能性比较大。因为从经济角度讲，雇员是弱势的一方，所以在没有弄清情况之前，雇员被认为是有理的。

基于这些现实，你一定要仔细调查并充分掌握证据，并按当地法律及法律忠告办事。

2. 裁员

导致裁员的原因有所不同，从机构重组到大量裁员都是经济状况恶化

的结果。如果后者不会对你和你的部门有影响，这儿只关注那些内部授权的裁员。

人数要减少，如果一个职位，不管什么原因人数太多的话，你就不得不面对要么让一个具体的人承担公司的命令，要么你就选择一个你自己的人来承担。因为你已被告知要减少人数。

但不管是哪种情况，个人表现应该是决定的因素，至少在没有工会的时候是这样。

如果你觉得要裁减的是一个错误的对象，那你就应为他和你自己的权力而战，并为此而争取。你应争取对这一裁减项目负有责任，如果裁员不可避免，你要知道怎样和通过谁才能改变这种情况，说出你的观点，为什么他不应被裁掉，谁又应被辞退。

在最终决定谁离开以后，不要因你所做的事情责备其他人。你在管理你的人，你负有责任，你做了一个必须解释的决定，你正在执行它，这不会对你的声望有什么影响，这是一件正确的事情，而且最终会为你赢得尊重。

3. 与表现相关

相对于犯一个错误甚至许多错误而言，不可接受的表现更会让一个人离开。但你仍需要对这一雇员的表现做公正、客观的评估。一定要与当事人回顾讨论不可接受的表现，并必须以正式的书面形式写出，以表明这是正式制定的。当事人应被给予一个公平的机会以证明他能够达到所期望的。

在与你的下属讨论低于标准的表现时，你要客观具体。比如，“我不喜欢你写的报告”，这还不够，你必须指出报告怎样和为什么没有达到你的要求，而且你还要指出它怎样写。如果雇员的表现没有达到双方都认同的标准，一项正式书面的警告就必须出示给雇员。其中要指出，除非他的表现在规定时间内能达到改进的要求，不然，他的工作就有可能失去。

这是一个需要非常小心处理的一个过程。一方面你对雇员负有义务，但你在法庭上可能还会表现出在终止工作前，雇员已被给予了各种改进的机会和足够的警告。另一方面在正式文件执行时，你可能精神上已经满足了。因为你可能会认为你的雇员从未达到过你的期望，你只是推迟了不可避免要发生的事。不要出错，人们往往会感受得到。书面终止的作用只在于满足法律需要。当你知道工作终止不可避免时，经常是在做游戏，并且这是容易被察觉的。

第三，被解雇的雇员会觉得你给他们改进的目标是难以达到的。而他对你将他赶出公司会更不满。这种不满会很容易传播开来，通过人直接传播，通过流言间接传播，这对于士气和生产效率不利。

把这种有损各方的过程变得越简短越好。不要在你决定他离开之后找出种种理由与他争辩，你要把你观察到的表现的不足记录下来。

4. 人事纠纷

不管主观上怎样认为，事情有可能是有些时候我们认识到不能再和我们当中的某个人共事下去了。原因可能是工作关系已变了味，看见他可能会使你心情更糟，这不一定是谁犯了错，原因也可能不是很清楚，你们之间的化学作用停止了。你变得烦躁、不耐烦，建设性的工作关系结束了。也许你根本不信任他，你对他没有信心。

因为这其中的主观成分如此之多，所以和雇员商量找到一个解决办法的可能性很小。很可能你无法解释为什么不能忍受他了，也许这有些像一对夫妇因不可调和的分歧而离婚一样，缺乏协调性。虽然，为了和解应做出各种努力，但不和谐达到一定程度后，离婚就是不可避免的了。

这种情况也可能发生在你与雇员之间。当“真爱”已不再时，分开是最实际的解决办法。可能这未必公平，因为这不是他一个人的错误，或不仅仅是他的错误。你是老板，因此他会为其他人的利益而离开。他将直接感受到你的不满与工作环境的改变。

5. 错误人选

不管是在雇佣时选错了人还是因工作性质或范围发生了改变，都有可能使一名雇员不能按你期待的要求工作。如果你在雇佣时小心谨慎，他就只能停留在试用期，而不能进入一个合格、固定的雇佣阶段。

如果因工作的性质而改变使得雇员不能达到所需的要求，可以考虑以下事项：

- 工作是否可以重新安排以使雇员表现更好？

- 是否可以安排具体的培训课程？

- 部门间的调动是否可行？

- 雇员是否只需要更多的时间或培训来帮他完成新的需求？

只有当上述事项在最后的评估中被证明不可行时，才可以做出终止工作的结论。

6. 建议/考虑

如果因上述原因或其他原因使雇佣必须终止时，你就是决定的执行者，你一定要准备好。你的事实和文件证据都准备好了吗？在脑海中先演练一遍所要说的内容以及怎样表达。有可能雇员会泪流满面，恳求被留下，或毫无逻辑地解释他的所作所为，或责怪他人，或大声恐吓你。你不应对这些没有一点准备，如果你能预见到这些，就会处理好一些。

把你放到这样一个立场上：如果是你被上司叫到办公室告知你被解雇了？你感觉会怎样并作何种反应？

除非某个人因只能责备自己的原因而被解雇，你对雇员应表示同情，这对你和他都是人道的。把这种痛苦的经历变得越弱越好。

最重要的是，以尊重和礼貌的方式对待那个人，不要训斥他。他还要继续生活和找新的工作，他还要维持自尊和自信，他要在晚上回家的时候向他的太太和家庭解释他失去了工作的原因。他在这一过程中不应失去自尊，不能让他觉得自己是一个彻头彻尾的失败者，不要尖锐地指出所有的错误都是他造成的。

如果有什么积极方面的事情你能告诉他，那就对他说。你会发现很多善意的话都能被接受，你也不需要撒谎，总有一些积极的事能说。

在不尖锐批评他的表现情况下，告诉他这不是他个人的错而只是因为他特别的性格和能力恰巧没有与公司的需求相符。也许其他公司对他的专长很感兴趣，你还可以帮他在其他公司找到一份合适的工作，告诉他还会有很多雇主会和他联系。

可能的话你将希望他是你的朋友，你也希望他能带着美好的、积极的印象离开公司。你不会希望他在离开公司后对你和你的公司评论极差，也希望他在早晨照镜子时对自己仍感觉很好吧！让他毫无自信、自尊地离开是一件糟糕的事。希望被别人尊重就应以同样的方式尊重别人。

你要对一些分开的付款应有所准备，这是由公司政策和地方法规或习俗决定的。雇员在为公司服务了几年后有权利得到一笔这样的付款。在结束工作的会见期间安排一个合适的核查。让他签署解约的文件，声明他对公司再无要求并归还他支配下的公司财务。在他离开后，他应保证不泄露公司的秘密。付款时间应被考虑并告知是在月底或下次发薪的时候。注意与法律法规要相符。

没有什么能除去这种痛苦的感觉，继续尊重和礼貌地对待他人，能使这个过程更能被接受。

第四章

动　机

“动机”这个词在本书中经常被提到，它决定了我们在职业生涯中的表现和感受。我们是否快乐，每天是热情还是勉强开始我们的工作，是否经常看表看看离下班还有多少时间或是担心时间不够完成不了工作，我们是否渴望或不愿退休以及不管是对老板还是雇员，我们所能感受到的忠心。

难怪几乎没有一项主题像动机一样涵盖了这么广泛的内容。众多的顾问、行为心理学家、激励专家以此为生，为什么会这样？以下这些是否会告诉我们？

- 这是一个无限的，并且非常复杂的主题。
- 没有在所有情况下对所有人都适用的单向横式。

- 这是一个他们会为之付出更多资金的主题。

- 对于什么原因导致这样的结果没有共识。

- 它需要不断被强化。

- 这是一个多数人认为能够学习的主题。

有些经理非常幸运，他们有超强的领袖个性以至于可以自然而然地让其他人跟着自己的指挥棒运转，这不需要有意识的努力。在不需要任何激励的情况下，仍有许多雇员愿意为他们工作，跟随他们左右，这不是因为重视，而是因为他们被激励。这是他们的经理有意识这样做的吗？不一定，他们是基于自己的领袖个性做了对他们来说很自然的事情。

然而，我们当中的多数人没有这么幸运，我们为激励整个组织而工作，我们不得不自己激励自己，而且我们还得注意激励自己的下属。

我们在此需要强调一下后面所述的一些问题。作为一个管理团队中的新的一员，激励你的员工并留任他们。

很难用一种方法来达成目标，而且对于方式的选择也应有所区别。因为不同的人对于不同的激励有不同的反应，甚至相同的人在不同的情况下对于相同的方式反应也不同。企业文化在很大程度上由你来掌握，任何变化都会影响动机。

A. 内容方面

不管专家们对激励怎样解释，毫无疑问在多数情况下对于多数人来说有些方面总是比另一面更为有效一些。下面列出的是基于作者20多年在世界范围内不断加强管理、不断激励下属的一些个人经验。换句话说，遵循这些会长时间带给你想看到的结果。

1. 信任

你必须信任你的人，他们也必须知道和感觉到你真正信任他们。你的行为会代表你的信任。如果一面说信任，一面又事后判断他们的所作所为会起到相反的效果。为你的下属提供他们所需要的支持，包括应有的培训，相信他们所做的事情是正确的。不要在仅仅犯了一次错误的情况下就收回了你的信任。与当事人讨论犯的错误，但一定要继续对他/她保持信任。

相信他们能找到解决问题的办法，相信他们能把他们的工作及时做好。当他们觉得需要时让他们能够从你这里得到帮助。不管等级制度怎样，使其相信为寻求帮助找到了合适的人选。相信他们会对你忠诚，让他们相信你知道他们在做什么，信任他们会使其永远做得最好，信任他们还会使他们做出正确的决定。

信任可以传递责任感，有了责任感他们就不会亵渎你对他们的信任。这会使他们对自己、对你和他们的工作及结果而感到骄傲。给他们一种主人的骄傲会使他们的自信心提高，而且还会使生产效率提高。

没有什么比上级信任下级更能激励一个团队了。

2. 支持

仅次于信任的是支持。其实这二者的联系非常紧密。通过你对他们的支持可以显示你对他们的信任。

支持有许多不同的形式。支持一项决定也许是冒险的，或者至少是超越了他的权限。支持代表你巩固了你下属的立场，通过和他站在一边你表达了对他的信任。一项主张，一个想法，一个行动都会在其中找到你的支持。

支持也体现出个人的水平。如果你的一个员工正在经历个人的危机，在这一段时间内支持他会影响他的工作，理解和容忍可以体现你的支持。

3. 反应

对于灵活的反应可以对人产生怎样的激励是难以估量的。没有快速的反应是使人不能产生主动的一个因素。比如，一个人正全力准备一项计划，他会非常期待有建设性的反馈，收不到反馈信息，将会导致工作没有动力。

正如“灵敏”的含义，人会相应地作出反应。在一个激励的氛围下，你反应的速度与你团队的敏感程度直接相关，你反应得快他们也会反应快速，你慢他们也慢。忘掉你负责和有权设置最后期限的权力，选择表现你的权力只会导致相反的结果。

及时的反应说明你在乎他们，在乎他们的感觉。他们的最后期限以及他们奉献的这种关心能够逐步培养成忠诚、危机的分担和把事情做好的无言承诺，他们总是能够把握住时间，不管你有还是没有。像你的下属一样，反应灵敏也要像你期待他们一样。

4. 尊重

每个人都希望被尊重，有些人需要被尊重只是因为他的职务或头衔，这种尊重只是需要动一动嘴，但真正的尊重却是需要赢得的。在人和人工作的过程中，如果你对团队中的人不尊重，那你就不要期待赢得他们的尊重。

你不一定认同他们所认同或信奉的东西。但你仍可以尊重他们和你认识不同的东西。不同的感官或行为并不代表更多或更少的价值，这只是一个词“不同”而非一种价值判断。不好也不坏，这种不同也应被承认与尊重。

你也不必压抑你的不同认识，你完全可以这样说：“对不起，我不能认同你的做法，但我尊重你的观点，我相信你会做好，我支持你。”

在与不同种族、宗教信仰、政治观点的人共事时，应同样地尊重他们。我理所当然地认为圣诞节是整个工业社会为之雀跃欢呼的一个时

刻，但我们是否同样理所当然地认为这也会在亚洲发生呢？比如农历的新年？对这些不同要敏感一些，也要尊重。

我们生活在一个多民族的社会里，不同是必然的。我们应尊重这些不同，也要尊重代表这些不同的人。他们会报答你的，而且你体现出的尊重还会对你的下属在工作热情方面产生积极的影响。

如果你对此有所怀疑，那就等于有一个你不想尊重的老板，可能你会喜欢他，但如果你不能尊重他，你就不会高兴和有激情地全力为他做事。

5. 相关财务考虑

毫无疑问，这是一个最富争议的动机混合体的因素。虽然以马斯洛为代表的行为心理学家认为钱从来不是一个好的激励物，但仍然有很多人坚信，钱、权力和信任是任何动机的基础。

一方面认为一旦一个人的基本需求被满足，人将为不同的原因而工作。

而另一方面则认为一个有着高销售提成的销售人员将会比领普通薪水的销售人员“创造”更多财富。这证明高薪回报将刺激人更加努力工作。

你将会对两种假设有自己的判断，但不管怎样，这样说是没有疑问的。

> 每个人不管他是乞丐还是百万富翁，都希望自己有更多的钱。

> 薪金福利的提高将会使我们高兴。增长幅度越高，我们越高兴。我们越高兴，我们的动力就越大。

> 钱对于一个有最低工资保险的人来说是强有力的一种动力因素，但对于已经有很舒适经济条件的人来说则不是。

需要指出的是上述第二条中的快乐的持久性是很短的，增长的钱会因为我们不经意的花销和它成为我们花钱习惯的一部分而很快被忘掉。然后我们会盼望下一次增长。它可能会来得晚一些，增长幅度也许还会比上次小。如果我们对下次增长的数额和时间感到不满，我们是否还会高兴和有动力？

金钱，不管它是以工资、奖金或激励型酬劳等任何形式出现，都可以看做使工作能够在短期内作为的一种形式。所以它是一种临时性的激励办法。但当金钱性酬劳不能继续时则不再起作用。

除了金钱以外，还有一些财务因素可以成为直接和长期的激励办法。

a. 培训课程

很少有人在参加了培训课程之后不充满热情的，也没有多少人从他的内心深处不想参加这样的培训，不管这种培训深度如何，人们总是希望能从他们的工作中抽身来参加这种培训。也许他们会抱怨课程的内容、授课的地点或培训者，但他们仍会希望学习这种课程。

这不仅帮助他们把工作做好，而且使他们从日常的琐事中解脱出来，他们可以和课程的参与达成互动、分享经验、发泄不满。或许一个旅行的课程也是必需的，这也是一种报酬。这给了参与者一些自夸的东西，不管是对家人或朋友或其他的什么人，他被认为是值得训练的，他的潜能得到了体现。

任何时候，不管你送你的下属参加内部的还是外部的培训课程，你都应该这么做。这不仅会激励去的人，也会鼓励希望去的那些人。

如果能进行正式的训练课程，也可以考虑其他的方式。如果你的公司不能准备这些，那么可以求助于他处，如公共图书馆、互联网商贸机构或只是从朋友处，甚至你家中随便放置的一本书也会对你的员工有好处。

人们会对你的训练，对为了提高他们的水平而感到高兴。

b. 旅行

这是否可行要看你的工作以及你的下属的工作。旅行去参加一个培训课程后还可以有其他的一些选择。

- 一场交易展示会
- 另外一家销售办公室
- 一个制造工厂
- 一个小贩
- 一个广告公司

给你的员工这样一个机会，虽然并不是每个人都喜欢旅行，但他们会为这种行为感到骄傲和兴奋。

c. 奖励

很少有什么能像奖励一样花得少但又能被人广泛接受的了。不管它是一个电脑制作的荣誉证书还是记载某种特别成就的牌匾，或一场比赛胜利的金杯。当人们想得到这种认证时，他们会充满骄傲和展示这种认证。每当这时，他们都会想到他们赢得这种奖励的成就。

任何奖励都应当当众发给奖励者，以提高奖励的影响。

需要提前明示一些基本规则来证明这些荣誉的可信度。它们是一些具体客观的标准。你能营造一些人们积极参与和努力争取的氛围很重要。基于此，他们必须懂得一些基本规则，并且能够感受到有机会去赢得。
如果把这种认可的奖金同象征性的金钱结合起来，那么会更好。

d. 款待

也许娱乐这个词并不恰当。情感交流可能更为恰当，但不管使用哪个词语，这都意味着你要带你的人出去，这不仅会激励他们而且还会培养团队精神。吃一顿不贵的午餐，即使你来付账也是值得的，这会使你们的联系更紧密，也会使人感觉好些。

比出去吃一顿午餐更好的是一起出去。人们那时候会更放松，聚会也不会受到时间的限制，这并不一定要包括晚餐，哪怕只是聚在一起喝点什么，即使是不含酒精的饮料，也是好的。人们在一个开放的氛围中交谈更可以增进人们之间的亲密关系。人们可以无拘无束的畅谈，这是你在一个正式场合所不能得到的。如果你把氛围调节好，这是一个从你的下属处得到反馈的一个好机会。知道他们脑子在想些什么，包括一些他们的个人问题，会对他们的工作产生影响。在听到有些人喝醉时说的话，注意不要因为有人酒后失态或对你所听到的——尤其与你直接相关的——感到不安。准备接受有人对你付账的嘲笑。不要做出评判，保持中立。思考你所听到的信息，考虑你对这些情况下一步的打算。如果有人让你当场做选择，你可以告诉他“让我考虑一下以后告诉你”。

需要指出的是这些社交活动可能会有些风险。他们可能会演变成一些唠叨，也可能会起到相反的效果，你可能会很尴尬，还会模糊上下级之间的关系导致对抗使你难以控制。

为了避免这种错误落在你身上，你应该去学习，慢慢融入这些活动中。如果一开始不能融入其中也不要放弃。

还需要小心的是，不管你和你的下属怎样沟通，不要有偏袒。如果你请了一个下属出去，那你就得全部都请。

耐心一点，与你下属不时地进行非正式的接触；有利之处远大于这种风险。

6. 权力

因为你还处于管理工作的初始阶段，权力在你的激励过程当中扮演的角色是非常有限的。权力当然是一个强有力的激励办法，但能将权力传到你的下属的可能性却很小，管理层中职位越低者，他拥有的权力越小。

你已经有了些权力，你的人会因你得到提升或受到训斥，甚至终止工作。你决定了他们的补偿金、幸福及稳定，你可能没注意到你施力的影响。可能你会希望行使权力，但同时一定不要忘了他们也在注意你能够对他们产生的影响。你不希望你的人因你可能对他们做的事而怕你吧。通过使人害怕来进行管理是过时的，尽管现在这种情况依然存在。

这是因为你这样的权力会很难得到诚实的反馈。让老板感到高兴会成为一种趋势，坏消息或不流行的观点不能达成此目的。

不要恫吓着使用你的权力，帮助和支持使用你的权力会激励员工并按你的想法去做。

7. 忠诚

作为鼓励的一种因素，忠诚应在你与你的人之间存在。就像在第二章所述，你应站在你的下属身后来支持他们。如有意外要保护他们，如为了他们而孤立无助的时候，也应对其保持忠诚。

这给了人们做好工作的自信并且他们会被激励证明，你对他们的忠诚是值得的。

8. 交流

这是管理过程中经常出现的一个步骤。因为好的交流是成功管理的基础。有必要再说一遍的是，为了加强对整个组织的激励，在交流过程中一些因素应被提及。

a. 指导方向

你必须要明确你的团队和团队中个人的前进方向。这不仅仅是你对他们有什么样的期待，而且要明确为什么要这样期待以及为什么他们做你要求的事是非常重要的。如果你需要从某人处得到信息或分析或报告，那你得解释为什么需要这些，以及它们重要在哪里。花该花的时间将其解释清楚。

在方向问题上一定要明确并保持一致。一定要让人正确理解，你说的并非总是他人听到的。你可以解释，“我知道你认为你知道了我所说的，但我不敢肯定你是否意识到你听到的可能不是我所表达的”。

这是你不惜一切希望避免的境况。知道了想要他们达成的目标和原因就要激励他们。因为这会使他们成为不可或缺的一体。这也显示出了他们在整体规划中的作用。

除了明确方向以外，你还要保持其连贯性。今天一个方向，明天一个方向，后天又是一个方向，这会使人困惑，没有干劲。也说明你不知道自己想要做什么。

b. 会议

我们很多人对开会感到失望，而且我们可能曾经不止一次地不幸地参加过没有任何成效的会议。但它至少能有一个作用：使一群人得到通知，确信每个人是在一起。这也给了你一个更加了解人的机会，并在不同于日常工作环境下与他们接触。

有规律的员工会议应定期召开，但并不需要有多长时间，当需解决的事项解决后就应该让参加者简述一下他们近期的计划，了解他们有什么具体的需要，并怎样帮助他们。

不要人为地延长会议时间，也不要因为会议设置了一个小时的时间就不能提前结束。每个部门都不要耽搁太长的时间，也不要在一个地方拖拖拉拉，将其拖到另一次会议上。设置具体的任务和时限，人们会因为参与和知道部门内部的主要工作而受到激励。

c. 可接近性

你是否容易接近也是激励下属的一条途径。把界定的门打开，或定时到工作区域走一走，与你的人接触是非常重要的，当你随时准备倾听时你的人会向你倾吐心声，他们会寻求你的建议，反馈给你他们的做法。你也会知道现在公司内部正在发生着什么。

在你巡视的时间里，不要表现出你在控制他们而是在关心他们。

9. 头衔

也许你还没来得及走上一个有权改换头衔的职位，但这并不意味着你就不用知道头衔对激励人的重要性。头衔对我们都很重要，它能带给我们威信，至少它意味着权力。

这是一个敏感的话题，每一个细小的改变都应有充分的考虑。

a. 洞察力

不同的头衔在不同的文化背景和环境下会有着不同的洞察力。在世界范围内这特别明显、随意。

香港的产品经理不希望得到区域督导的头衔，因为他会认为从产品经理到督导是一种降级，尽管他会承担更大的责任。

在英国成为总经理的人，一定要给予“管理总监”的头衔，以符合当地的命名法。

加拿大的市场经理会因其风俗而称做“市场副总裁”。

巴基斯坦地区经理即使在他的工作和薪金都没有任何变化的情况下也会为得到“区域经理”的头衔而高兴。

印度尼西亚的销售代表在拥有了“产品专员”的头衔后也会高兴，但他们的薪金和责任都没有改变。

美国的情况则是把销售人员称为“区域经理”。

考虑一下，在拥有了以下逐步提升的名称后，一个公司可以创造多少晋升的机会：

初级产品经理

产品经理

高级产品经理

集团产品经理

执行产品经理

执行集团产品经理

产品管理总监

就像举例中所示，头衔的改变并不意味着薪水的自动增长。现实地说，人们确实期待晋升能够反映在他们的薪金上，但如果这不可能马上实现，就要向个人说明以避免失望。或许你应将他们下一次的增长分成两部分，一是为了他的业绩，一是为了晋升，但总的增长额不一定改变。

头衔越重要，人们受到的激励越强，但一定要有正确的认识，这不仅意味着从你的角度来看这个头衔更加的权威而更重要的是要从接受者的角度来认识。

b. 长远考虑

如果头衔的提高会激发人的工作热情，那么反之亦然。降低一个人的职位是困难的，它可能被视为一种最后的解决办法，几乎等于解雇。记住，一旦给予一个头衔就不容易拿走，不管你给予某人什么样的头衔你将与其长期打交道，会被整个公司的人来评定。

当机构变大、人员增多时，任何变化都有着其潜在的意义。可能有的还要从国际方面的需要考虑。如果两个职位相同的人，即使他们在不同的国度而没有相同的头衔也会招致麻烦与不满，人们总是会谈论、比较而且敏感。

如果你的公司已有一套分级系统，头衔的改变就要依据已有的分级结构。

另外，客户在与你的雇员直接交流时也应该被考虑。把一个销售人员叫做“区域经理”是在他所负责区域内担负什么责任的很好说明。不利的一面是当一家公司拥有不只一条产品生产线时，面对相当数量的“区域经理”时，相同的客户必须与不止一个负责的人打交道，那么有时一张请柬会造成混乱与不解。

从长远来看，可做一些防止头衔改变时小的意外发生的事情。

B. 激励没有提升的人

出于许多原因，你的职业生涯中还会出现没有得到晋升的下属，不是因为他们不努力，也不是因为他们的能力不足，而是因为没有他们的晋升的合适机会，有时这种情况还会是一些很平常的原因造成的。

语言：

比如：在一家外国的公司里一位一流的市场总监向一名相当年轻的总经理汇报工作，他可能已在该岗位上工作多年，但不能调他去其他国家，因为他只能说英语和母语。

个人环境：

当事人或其家庭不愿意重新选择住地。

钱：

一个销售人员不得不因其在家庭所在地工作而接受相对较低的薪金。

公司的大小：

只有一定数量的经理职位可供选择。

专长：

不可能将一个非专业人员放到需要技术专长的岗位上。

这些情况是遗憾的但又是不可避免的，受到激励的人会努力做好工作，达到或超过对他的要求，甚至追求提升的水平。你当然不想失去他，但你能做些什么激励他呢？特别是你和他都知道将来没有升迁的可能。

这并不像说起来那么容易，这没有简单统一的答案。许多东西都取决于人、工作以及为何不能提升的原因。尽管如此，还是可以采纳有些步骤留住那些有价值的雇员。

首先也是最重要的是，诚实开放，不要对他许诺不能实现的诺言，告诉他为何不能晋升，说明这与他的个人表现无关。

经常表扬他的表现，有机会就向他表达你对他的忠诚及贡献所持的感激与敬佩。

尽可能用财物等东西来补偿他。

提供给他一些特别任务，让他帮助其他人。

细心听取他的意见或观点，给他鼓励，用他来反馈信息，让他参与到更多的工作中去。

强调他对公司成功所做出的贡献。

在适当的时候和他讨论他有希望得到好的工作、金钱、福利、稳定可靠的公司、赞赏、认同——但没有一样在现有的工作环境下理所应当就有的。

不要犹豫地让他知道你清楚有其他公司会希望雇用他。虽然会有更好的薪酬，但同时也是一种冒险。你希望他和你一起度过职业生涯。谁知道将来会是怎样，会有怎样的意外情况发生。

与他尽力保持一种愉快的工作氛围。

可以考虑他横向的调动。

以上措施单独使用并不一定能起作用，但如果能长时间地运用可以在相当长时间内留住对你有价值的人。

C. 结论

不是每一项都会激励你的下属，首先每个人都有自己人生中的沉浮，至少综合起来运用才会真正激励你的下属。

上面所述的并不是全部，其他一些行为因素也会起作用：你的公司的财务状况，你销售的产品，管理方式或高级管理哲学，你公司提供的额外福利，工作守则，你自身的观点，其他雇员和经理的行为，整体环境和公司文化。

但由于这些方面可能超越了你直接的控制，所以还要强调你自身的影响。

还有一个没提及的是你必须经常表扬你的下属，并给他们职权的鼓励，一句“嘿，干得好”配合在肩上轻轻一拍可能会收到意想不到的效果。这就是激励的全部。

第五章

表现评估

我们当中有谁不知道自己在上级或整个公司眼中的位置，或是他的表现被认为是好还是坏，还是与众不同。他会知道怎样做才会有所不同，才会更好，还会知道他的表现与他的薪酬是怎样联系的。

只要是有一点点野心，希望感受成功并改进工作质量的人都知道上面的答案，正式的表现评估会回答：它是一个雇员表现是否合格的计量表。为了有一个健康的工作环境，不管评估人与被评估人员是否愿意，评估都要进行。

表现评估过程包括不同的内容：

A. 继续进行/非正式

不管你的公司有怎样的评估系统或根本没有正式的评估系统，你也应该让你的下属处于这样的一个位置。

如果他们把什么事都做得很好，就要立即告诉他们。他们做了，希望被做的事也要及时表扬。不要等到“适当”的时候，“适当”的时候永远也没有。

有必要强调一下的是不管你要说一些积极的话还是给出一些建议一定要具体。就是简单地告诉别人“干得好”和“你关于……的想法给人留下了深刻的印象”或“我确实喜欢你这种汇报的方法”。你具体的评论显示出你的诚意并指出了这个人的贡献在哪里。

如果你对下属有不满也应向其说明，保持沉默是最糟糕的事情，这只会造成误解。而第二个糟糕的事情是直接的批评，如“我不喜欢”“糟透了”就是例子。这些毫无建设性的粗鲁言词对犯错的人来说只会造成伤害并于事无补，还可能带来对你的怨恨。

如果不是很具体可以考虑以下表达：

> “我相信如果包括……的内容，这份报告将会更好地被接受。”

> “这是一个很有意思的想法，为什么你不和同组的人商讨一下？也许我们可做一些调整，使它更容易实施。”

> “你觉得你的建议用更有力、更高效的方式表达出来怎样？”

“我对你所说的修改一些好吗？”

然后告诉他你愿意与他达到你期望中的改变而一同工作。

你必须牢记所有的“批评”本身具有消极内涵，虽然有时很难避免事实的本身，但批评是可以并应该避免的。没有建设性的批评，这是一个矛盾。但是人们大都乐于接受有助于提高的建议，这需要一些方法上的技巧，如果经常练习是可以掌握的。使某人改善其工作的能力和增强敏感性可以看做增进你人际交往能力的一个组成部分。

对于你下属的反馈不仅限于他们的书面报告，还应包括他的口头表达、行为表现、态度、工作习惯、与他人合作、举止反应灵敏等方面。一旦你觉得下属的某一方面需要改进就应立即以一种真实不可抗拒的态度和他/她交谈，也就是一种私下的方式。如果是为了表扬则应有听众在场。

这种非正式评估的基调应建立在无意外的基础之上，特别是在书面评估中对消极的评估更要注意。

B. 正式

你可能在一家有着正式评估系统的公司工作，而这种评估常被形式和时间限制。许多大公司都有这种程序，但这其中你不得不进行有所改进，不然你就不会有一个正式的系统。以下内容可作为缺乏其他相关事项时的指导原则或作为你已有的一套系统的补充。

1. 考虑

• 简单处置

只用复杂的形式和标准只会产生负面的效果。在书面评论中应直接老练。语句应简单明了而非含糊不清，你的评估不应对你要表达的而产生疑问。即使他/她不能完全认同，也必须让他懂得你所说的，如有不认同应在正式评估时注明。

• 必须写出来

一个正式的人事评论档案必须以文件形式出现，并且有你、你的上级及被评论人的签名。虽然不一定要格式化的纸张，但总体的表现概括应被写出并签有署名。

• 没有意外

你应该避免被评估的人说："这对我来说真是一个意外，你怎么从没告诉我，而你很可能对此进行辩护而争取有可能的评估。这也是为什么延续非正式评估如此重要的原因。"

• 细心并言行得体

过分强调细心并言行得体，很难做到不让人感到紧张。有可能你的紧张会随时间和已经的习惯而减退，但很难想象一个正在被评估的人会减轻他的紧张。对于一个评估来说应该含有广泛的意义，因为总是有需要改进的方面需要注意。那么又有多少人能做得更好？至少这说明一些该做的事没有照常进行。

如果你细心并言行得体会使这种内在的恐惧降至最低，有时候你怎样谈都要比说什么还重要。如果把你当成评估的接受者，当你的老板给你评估时你会如何表现？千万不要严责训斥，不要过分地批评。把要改进的方面用积极的方式表述出来就行，比如：在你做事的时候能像你做……时一样努力吗？

2. 标准

很显然单一的评定标准对于所有员工并不适用。一个经理应该有对一个文书工作更多的评定标准。比如：一个文书应比一个实验室的科学家应有更多的要求，如果后面的评定不适用于你要评判的人，那就换一套更加适用于评判这一工作岗位的标准。

• 目标

虽然按照即定目标进行管理以来不为众人所接受，但每个人都应该有目标，而且这不是一种衡量的标准，金钱、时间、质量等都可作为评估条件。像这样的三四个评判将是可行的，且对于一个工作岗位有意义，但这不能对一个部门或公司做出衡量。显然，这需要在评估之前就应达成共识，它们应按重要性排列，或许还应有具体的百分比以及截止期限、目标及评判标准。

对于一份正式的评估报告，每一项目标都应被单独评估。有时候只要“目标达成”就可以了。但更多的时候，特别是目标未充分达成或超过目标时应有一些附加的评定标准。基于目标的困难程度，应有达成这些目标的办法以及要克服的困难，但若有其他会使目标未能达成的因素应被注意。

- **技术技能**

列出工作所需的技术技能以及合格的程度，同样地，评定目标由工作来决定。你可以为秘书设置每分钟打“×”字作为最低标准。这种能力评定也可适用于销售、领导、判断、人际交往等工作。对于每一个人应包括：

优先权的清楚认识

很好的交流能力

对于危机的处理能力

工作所需的知识

工具、机器的使用能力

如果你对评估阶段上述内容能达到技能水平要求即可，还可准备一些相关的内容、要求作为支持。如能提高技能，要说明怎样提高和在哪些方面提高，以及怎样达成。

- **领导组织技能**

关注以下几点：

下属的表现

动机

适时精确的报告

处理问题的能力

计划与控制

意见

基于具体工作，你还可以将补偿金的明确、下属的发展、表现评估的适当与否加入其中。

正如有人对你要说的有所担心一样，我也会担心在这样重要的管理行业里找出太多缺点会使自己不受欢迎，发展的趋势是说一些积极的或掩饰缺点或不说什么。如果你不这样做就会对下属造成伤害，他们可能因你不够老练和不够坦诚而不能进步或达不到你所希望的水平。重要的是你要保持乐观并用现实的不足来支持你的评论。有一点要牢记，我们所有人都有缺点需要改进，帮助你的雇员来做这件事，并知道怎样和在哪些方面使他们得到进步。

- **人际交往的技巧**

很难想象一项工作不受人际关系的影响，也许一个简单重复的产品生产线上的工作不需要很多的人际交往技巧（虽然在今天变化的环境下还有争议），但如能和人很好地相处，至少可以提高劳动效率。

当评估一个人的人际交往能力时哪些可以作为标准呢？可以考虑以下内容：

态度

工作习惯

倾听的能力

同感

团队精神

友善

协作

老练

成功的谈判

值得信赖

尊重

获取帮助

责任

敏感

理解

并不是上述所有内容都要具体地详述。你可以将详述集中于那些一年中都表现很出色的品质技巧或需要特别注意的方面来代替讲述的优缺点。

由于表现评估要定期进行，所以没有必要重新选定内容，如果没有什么改变的话。另一方面，你要仔细查看每一项内容。看看你的雇员是否达到了你的要求，不要害羞或者具有进攻性。

• 其他考虑

这是应该基于例外之上，可能是评估阶段中一项主要计划。这一项必须是优先考虑并决定的目标，而不是阻碍目标达成的。这一考虑是为能够对表现结果产生重要影响而在评估中又未提及的。

3. 总体表现评估

这是极具争议的又是评定中最重要的一部分。它不仅要让你对所有表现结果做出简述，而且还要对缺点、长处有所涵盖。它可以使你讲出评定中哪些困难阻碍了想要得到的结果。如果你有倾向性就需要一些思考。你可以用你的视角看待事情、结果及表现并提出对未来的想法。

不是每个人都会同等地得到评估，特别是书面的评估，你开始时会发现你自己很希望得到这个部分。如果是这种情况，它会帮助你幻想你正在给一个朋友写信，讨论你的一个部下已经做好完成的事情，你希望在哪里如何帮助他改进一点，什么使你高兴，什么使你沮丧，对于前途你的观点与期待是什么。一旦你进入进去了，你会发现这并不是想象得那么困难。

其实，可能你们公司没有一个评估程序或完整的书面授权，但总的评估却可用来作为替代物。如果你已同意一系列的行动目标，那么在实践之前就要制定一个关于达到超过或未达到目标的评估标准。至少你应让你评估的人知道在特定时间内他们的表现是如何被看待的。

4. 发展进步

如果你评估的人是为了更高的、不同的职位而培养的，他或她还需要其他一些技能或经验，则这部分应该包含在内。首先在评估报告中确定他/她还需要学习哪些或在哪些方面还需改进后再讨论，这样的设计该怎样制定。

确定数量特别是对非技术性方面很难，当数量测定难住你时，你可以用一些范例来阐述。它们可以更好地阐述需要改进的方面以及你所看到的计划。

即使被评估的人仍然处于原位，你仍需要制定发展计划，只有这样你才能表现出对改进技能和表现的关注，因为它们与目前的责任相关联。

5. 未来

大多数人都有想要一份好工作、晋升以及更多金钱的梦想。理想的情况是你有为你做事很多人，但时机并不一定成熟。作为评估的一个过程，你应该考虑一下某个人应从哪里入手工作，时机的选择可以先放一下，但是你应考虑有一个 2 ~5 年的时间段，少于这个时间的培训和发展会给没有做好升职的人造成困难，另一方面，预见未来 5 年后会发生什么，几乎是不可能的。

不要答应自己不能兑现的承诺，特别是当他与可能的工作调动相联系时。考虑一下你选择时的不确定的方面，让被评估者也参与进来，看看他希望公司前进的方向在哪里？你是否认同这种可能？

不管考虑怎样的工作调动都需要进一步地采取措施。明确需要做什么事情，这个人是否能够在新的职位成为有力的竞争者。不管是一项需要改进的方面还是公司需要技能，这个人需要变得更为圆滑，或学习一项技能，如果没有达到就要点明。一旦所需步骤被确认就要使这个人成为一个能够胜任工作的人，这可能包括具体的培训或临时的培训或去成人教育部中心学习或只是增加一些经验。

重要的是你的下属懂得你会让他们往哪里前进，以及怎样才能把他们带到那里，并且你会帮助他们。

更难处理的是你与现在职位上不能提升或又想提升的人打交道，一个典型的例子是关于销售员的。他/她擅长于此项工作，非常成功并且乐于进行销售，乐于与顾客打交道和差旅，但不想有管理人时的麻烦，当然，他/她被调到一个办公室的环境将是很可能的事。他/她对现有职位非常满意，喜欢这样的工作，如果遇到这样的情况，你就要接受并告诉他/她，如果他们想有所改变就告诉你。

还有就是当这个人至少在你的评估中达到了你不认为他能达到的水平时，这就成了比较难以处理的一个情况，他们对于工作来说是合

格的，你需要他们但你又看不到基于他的潜力使他们晋升的机会。在这种情况下，你仍要表现出诚实与老练，你可以向他解释但不要做不能兑现的承诺。说一些类似“工作干得很好，要像以前一样努力，机会出现时会适当的考虑”一类的话。

你即然没有关上前方的大门，你也不要承诺什么。

6. 分级系统

对于一个公司来说拥有一套评优分级系统并没有什么不正常的。只是有的用 ABC，而另外的一些公司用数字或只是“好”“一般”“差”这一类表达，还有的公司含有三种评定办法，甚至有的公司有六种评定标准。这些分级系统应与利益相联系，得分最低的人应自动淘汰，晋升应视某人达到一具体的级别而定。

你很容易就能发现这种分级会造成左右为难的情况。你被迫扮演上帝的角色，因为在你看来是“良好”的表现，可能其他人会视为“优秀”，而另一位领导则可能认为是“不重要的角色”。每个人都有自己的标准和期望，这不像是在学校中，只要 90% 以上的答案都正确就能得“A”。

很自然地，人们不想伤害别人或挡住他人前进的道路。很多经理都倾向于“五入”而非“四舍”，因为他们知道太严厉将会有碍于薪金的增长，使某人利益受损或难以晋升。

同样知道人们会有所谈论，所以常会给同一组下属相同的分数，为什么要破坏良好的现状呢？又为什么要向某人解释给了某人“A”而给了他“B”的风险呢？

一项分级系统有何缺陷，但有总比没有好。这会使你尽可能地公正、客观。这也是客观的评判与目标如此重要的原因。你可以建立一套目标达成与分级相联系的体系。但困难的是这不是在学校。如果按你提出的标准给了某人五个目标，而他达成的结果是两个“A”，两个“B”，一个“C”，你又怎样平均？把它们变成数字吗？这会很容易忽视一些目标更重要于另一些事实。你得回头重新考虑平衡每一项。

除了确定各项参数以外，另外一件要强调的事是明确等级，具体写出怎样做才能达到最高水平。比如：必须超越所有标准。

还要说明一点的是他们会很快习惯于一种级别，比如你连续三年给一名员工“优秀”，而第四年给了他“良好”，你会拥有一名非常失望的工人。你不太能接受他的表现在下降的评估。对你来说给出一个高一些的分数并不困难，而降低分数都可能会成为问题。

没有解决这些问题的固定模式，不管你怎样做都不可能完美，你必须接受这个现实。并非每个人都会对你的结论感到满意。那么在所谈论的基础上你又应该在怎样的框架内工作呢？

尽可能的客观

公平

在你的评判标准上能够全面地保持连续性考虑，包括你决定

的后果

能够解释你为什么这样做

允许对反对你的标准公开表明观点。

7. 时机的选择

正式的评估与薪水挂钩，也许是一年一次，因为这种评估是增加薪酬的正当理由。因此，薪酬的增长在表现评估之前一定要得到许可。

还有一种缩略的但仍然是正式的表现，评估可以一年进行四次。特别是在对待一个新员工在新职位上时，或者是某人未达到你预期的期待时，如果有怀疑那么做得越早越频繁越好。

C. 自我评估

虽然在文化上不能被广泛地接受，但自我评估仍是一个有价值的表现评判的办法。

- 这有可能迫使个人抱怨他所做的事。

- 这是建设性讨论的基础。因为你很难在所有的地方达成共识，努力调和这些不同观点是解决问题的关键。

- 由你来做评价可能会更容易一些，特别是当讨论达到进一步推进时，因为多数人对自己的表现会比你更挑剔。

- 这对于被评估者来说有些尴尬，对你来讲可能也有些显得恭维。这给了他们一个发泄不满的机会，也会告诉你有关他们工作的表现和你注意到的东西。

不管你是让他们自述自身的表现还是要求他给自己打分，都是一种评判方式，而这么做的好的方面是你能比他自己给出一个更高的分数，这对他来说是一个积极的经历，不好的方面是你若给他低分数会引起不满，但这没有对错之分。

总是有一些人会过高地估计了自己和自身的表现，如果有人过高地估计了自身的表现并觉得自身无须改进了怎么办？这不是一个容易处理的境况，你应怎样面对呢？

- 确保你的正确性、公正性和客观性。与他人一道检查其他的反馈信息。

- 允许当事人在评估上与你的评定有分歧。

- 不要卷入纷争，保持冷静、老练。同时要用

具体的事例来支持你的判断。

- 仔细倾听当事人所谈，也许有些你应重新考虑。至少你可以在争论的一些事上与他达成共识。

经验表明那些高估自己的人是非常固执的。他们总是十分确信自己的正确性，如果上面所说的并不能起到任何作用，你则应坚持已有的评估，有可能一些自我反省会随后而发生，最后，你将最终对你下属的表现负责任，你的评估会给予更多的信任。如果对当事人做出不真实的评定会使你陷入麻烦，并且对于你的评估能力会产生负面影响。

D. 表现回顾

一组书面评估完成，你有义务与你的雇员面对面讨论一下它的内容。因为这并非人们所期待的。特别当评估是积极的时候，也许你会用 e-mail(将它邮给被评估者)，让他/她通过电子邮件表达他/她的看法。最好不要考虑这样做，这只会造成不礼貌带来的负面效果。

当你准备好并涉及薪酬时留出一些时间与他/她单独谈话，留给他/她一天时间考虑为什么你想见他/她。

就像面试一样，这种面对面的谈话也尽可能地在一个放松的氛围下进行。不要坐在办公室后面让他与你和你的下属有隔阂。这只适用于上级对下级的关系。这应该是一场讨论而非讲座，你要尽可能地给予鼓励。以一种建设性的对话努力倾听，应提前明确哪些方面你将涉及以及希望你的下属从中获悉如何的信息。为了使你的观点被接受，应准备相当数量的范例。

1. 避免“没有赢输”的局面

你要尽力避免这种局面的产生。记住评估要一年一次甚至更频繁。如果你的下属中有人第一次就被下了结论，他怎样说明都不能赢得好成绩，他将不再勤勉与合作。你承担不起在交流及态度方面的僵硬，你应该降低你的上级身份。具有讽刺意义的老式的奉行原则“老板总是对的”，不应出现在个人脑海中，允许他进行一些解释。当你觉得要开始进行争辩并不能公平赢得它时就应止住。让有争议的观点存在并在适当时间里再来解决它。你不是处在一场只能一方获胜的比赛中。你应争取双赢，至少也应对于讨论中显露出来的表现给予积极的一面。

2. 保留“面子”

你还应避免亚洲人所指的“丢面子”，这是指被评估者不应为你所做出的评估而尴尬。即使受到负面的东西，也应在其间提出。先由积极的部分开始，慢慢转入不甚积极的方面，以有力、欢快的调子做结论。

一个使得下属保全面子的办法是只涉及他们的表现而不是他们本人。

他本人不需要改进，需要改进的是他的表现，这就要求你应注意怎样改进结果而不是人。不要说伤及他自尊或使他感到孤独的话，不然你会失去这位员工而不能使他有所进步。

3. 消除分歧

在你对他的表现以及自己对自身表现的看法上有分歧时应尽一切可能来消除分歧，因为不同的职位造成了你们的观点不同，并向他解释这种不同对评估会产生影响，如果把你置于他的位置上，也努力让他用你的视角来看问题。

也许你要求他做的事不可能马上去做，他也从不会尝试这样去做。找出他为什么不立即反对被要求做的事，那么相似的境况就不会在将来发生了。

固执己见不会达成和解，就像在一场谈判中，双方都得表现出妥协以便达成共识。最糟的情况是因为你更成熟一些，你就得接受不同的意见，并注意你的下属在哪些方面为什么会与你有分歧，或者你过几周再来处理。

如果你认真仔细地列出你的问题、评价与观察，要避免尖刻的指责与批评，保持一种随时愿意帮助的状态，相对立会导致半途而废。

在明确分数前应考虑总体表现而不仅仅局限于具体的目标，你也许使用每项评估标准百分比，努力将技巧转化为一门学问。比如：

目标达成	40%
总评	20%
技术技能	100%
人际交往技能	15%
管理和组织技能	10%

每一个标题都能化分为更少的部分，并有各自的百分比。

这些百分比构成了决定表现的分数。复杂吗？但这是客观的也是可量化的。这种精确的百分比对个人表现有所制约，所以这样的评估系统只在自我评估与你做出的表现评估之间有巨大差异时才供考虑。

不要因这一题目的长度而畏缩，虽然它是复杂的，但同时又是非常重要的，它需要时间，对每个相关的人员都是必要的，这是一种管理的工具和责任，它不会完美而且永远不会。观察并向你的上级学习，看看他怎样对你评估，你对下属评估时要尽量避免他对你评估时所犯的错误，同时也不要对效仿他评估的积极方面有所顾虑。

你越是小心经常地做此项工作，评估表现就会变得更容易、更好。

第六章

调整你的行为

对于人类来说很幸运的一件事是我们都有自己独特的个性和性格。如果不在一些心理问题上过分追究，可以说基本上我们能够改变我们的行为方式。我们的性格和个性在与工作环境相联系时很难改变，我们在家和工作时像是两个人而这些不同是由行为所致而非性格或个性。

让我们以一个产品经理为例来说明。在办公室里，她是一个相对放松、非常称职的个体。她思维敏捷、善于倾听、可以接受不同观点或提出富有建设性的意见，并能用充满激情和使人信服的举止来作报告。她总是能很好地准备和完成工作，她严肃、成熟、博学并且幽默，她被公司上上下下都喜爱，并被认为能够密切注视将来的工作发展。

在她的私人生活中她是两个八岁和十岁孩子的单身母亲。她在家庭中的表现与工作中截然不同。与在工作中表现出的努力达成共识、非

常耐心以及面对无数的困难镇定自若相反，她在家里脾气暴躁，听不得任何无意义的话，近于专制管理家庭和孩子，她没时间做任何其他的事。

如果她的孩子不能在工作环境中认出自己的母亲，他的同事也不会在家庭生活中认出她。不是因为她有两种个性，只是因为环境迫使她展现出了两种不同的行为模式。

这看起来奇怪吗？应该不奇怪，因为这两种不同的行为在特定的背景下都是恰当的。

作为独特个体的一部分我们都有缺点——意识到的或本身就有的。我们有不希望有的弱点，或许如果情况允许我们将会改变我们的性格和个性。我们当中有些人比其他人更为这种缺点而苦恼，我们可能在自己身上发现意想不到的行为方式，另一些则由朋友、老师、家庭成员指出。虽然我们知道却极有可能不想面对它们，也许这就是我们会羡慕那些没有缺点人的原因。

有些人会耸耸肩，认同这些缺点不可改变并在生活中继续下去；有些人会变成鸵鸟，将头埋入地下假装没有问题。两种情况都可行，只要我与之交往的同事、上级等能够接受这些缺点并且它们不会影响到我们要完成的工作就可以了。

遗憾的是他人身上的缺点比那些积极的事情引人注意。一个缺点对我们造成的伤害比十个积极的事情对人们的帮助更能让人铭记，也许人们渴望明确我们的缺点因为他们相信通过指出缺点他们会看起来更好一些。另外，很多人在找别人身上的缺陷时会得到一种不合情理的快乐，就像一份近期的报纸说的：

“如果你发现了一个印刷错误，请记住那是有意插入的，我们的报纸为给每个人都准备了一些东西而骄傲，包括那些专门找错误的人。”

如果我们不能改变我们的性格或个性，那我们怎样做才能防止工作中不受伤害呢？答案在于我们的行为，因为这是我们能做的。虽然要做到并不容易。行为是一种习惯，和其他习惯一样，它很难被打破，这需要毅力、专注、决心、持继不断的努力。

个性与行为就好比智力与聪明一样，你不能让你的智力智商改变，但你可以通过学习使你更聪明、伶俐。管理的智慧不是使你成为一个更好的经理，但会让你怎样聪明地运用你的智慧。随便选一个人，即使是在他的领域被认为是专家的科学家，可能也不能管理好很小的一组人。你可以更灵敏，这是与你行为相联系的，但你不能更有智慧，因为智商是被测定的。

我们改变行为基于两个关键因素：

- 正确认识我们的缺点。
- 认识并接受他人不同于我们自身的认识，而对于我们的自身来说，后者更难于正确认识，就像我们将要看到的。

在论及什么行为模式改变之前，我们先来看一下为什么做一些调整如此重要。

A. 消极的行为

被认为是消极的行为必须是与具体的背景相联系的。在一个一对一的环境里，你与你的上级和下属之间，在许多人的情况下可能会变得不可接受。可能用手动一动你的头发或是在谈话中加入一些“你知道的”“啊”……只是你的习惯与癖好，虽然你的下属与你相处时并未意识到这些，但也有一群人就会意识到你的言语与行为，这有可能会引起一些人的不满。

开玩笑是另一个例子。听众越多，有人被冒犯的几率越大。

还有一些更不合适的行为，比如：

大声喊叫或尖叫着发脾气。

当众批评他人。

在观点被提出时总是消极对待，总是指出问题而非机遇。不停地指出为什么有些事不能做。

总是评判事物，因为在你眼中每个人把事情都做错了。

公开责怪他人。

在会议或谈话中专横跋扈。不给他人说话机会，在他人讲话完毕之前打断其讲话。不喜欢倾听。

不说任何话——沉默的参与者。

只认同事实的正确，不确认你的估计和正确性。

得出任何结论。

在确定集体的共识之前不做任何承诺或只在弄清了老板想听什么时再发表意见。

在一个严肃的会议上显得很滑稽，而在其他人都处在一个放松的状态下时却扮演扫兴的角色。

对于一无所知的问题发表评论。

对于不同的结论不能包容。

挑衅性地表达自己的观点，威胁反驳你的人。

表现出你知道所有的答案，而其他人都不知晓。

使人不得不据实回答使处境尴尬。

占用别人太多时间，作为客人待得太久，没有意识到你的时间已经结束。

表现出不耐烦。

停下来想一想你参加过的会议看看谁以怎样的方式惹恼了你，再看看自己是否也曾经这样。

上述这些习惯有可能是你行为的一部分。如果你加以改变的话会产生负面影响。这可能破坏你的工作因为这会干扰团队合作并降低工作

效率，削弱共事人的士气。

注意这些言行，你将会营造出一个更积极、并富有成效的工作环境。

B. 其他人怎样看你/你怎样看自己

我们都认为自己有一个特定的、可以限定的形象，但我们对自己的认识与他人对我们的认识却不尽相同。而且你们认识之间的差异可能还会很大，甚至大到你无法想象。这种不同的话题是如此广泛以至于当你在计算机上用 GOOGLE. COM 搜索引擎查询“你如何看待自己以及他人如何看待你”时将得到 98 900 个相关点击(2004 年 4 月)。而“改变你的行为”的相关内容可以引出更令人震惊的 261 000 个点击，这是个令人难以想象的数字，突出了人们对这个话题拥有多么大的兴趣。这也显示出在多么大的一个程度上它将被搜寻，以及多少公司和顾问渴望在你提出这个问题时提供他们的服务。

这些事情，比如找到许多的点击话题并不能使我们前进多少，相反，我们应专注于做些什么来调整你的行为以及你下属的行为，来使你成为一个好的经理。

1. 非正式的反馈

从别人那里直接得到他们的看法并不十分容易，而这种信息一定得从他们那里得到。与你一同工作的人不能在认识上和你达成一致会使问题更加严重。除此之外，所持的视角也会因人而异。

A. 下属

B. 同事和同级的人

C. 你的老板

D. 更多高级经理

这部分原因是由于多数经理们的行为方式不同造成的，即使你在四组面前的表现完全相同，他们仍会对你的表现拥有不同观点。因为B-D组在不同的情况下观察你，他们会比A组看到你面对更多更复杂的问题。C组看你行为中很积极的东西可能会完全不对A组的胃口。一个很好的例子是当你做一项人事决定时，你的老板会为之而鼓掌而你的下属会因受影响的那个人而被吓坏。

A组是最不可能明确告诉你他们是怎么看待你的行为和你的。不管你怎样了解他们并鼓励他们要坦诚，无需任何顾虑地与你分享他们的观点，他们仍会有所保留。因为你是他们的老板。想想你的老板问及你对他的看法时的情景。你会很轻松地告诉他你对他的看法吗？很可能你不会，可能会对他毫无帮助。完全的坦诚可能会使你忘了他是你的老板，你怎么可能这样做？这和你与下属之间的关系一样。

你可以通过非正式的方式来减轻这种尴尬，不要和你的雇员坐在办公桌两边面对面地交谈。坐在一起能使情况好些，在一个小餐馆里要一杯咖啡，可以使你观察到的行为话题更加休闲一些。下班后若能喝上一杯可能还会更好。但是，不管你听到了什么，都要抱着半信半疑的态度。那么如果你分享他们怎么看待你的行为、行为方式和你本身的雇员会对你有什么好处呢?

同样的问题也会出现在你的同事、平级身上，他们可能想知道你为什么会问他们这类问题，并可能怀疑你是否别有用心。这也可以被认为是你向他们寻求帮助而他们不愿意提供。因为这也可能使你成为他们可怕的竞争者。询问一个具体的问题和询问他们对你行为的看法是完全不同的两件事。

你的老板会毫不犹豫地告诉你你的哪些行为应该改变或他与你对你认识上的差异。这也许在你的表现评估中已经出现，但是由于后者专为具体的范围和目标而设计，所以一些行为的主观方面就有可能被掩饰。除非你向他提出他不太可能指出你的行为问题。但若你的缺点非常突出，他也会向你明示的。

也许你足够幸运有一个比你老板更高级的经理朋友。如果是这样的话你将有一个非常好的反馈源头。如果没有私人企图，他对你和公司工作又非常了解，对你的上司及其管理风格也非常了解，那么一个处在合适位置上的经理可以指出你的行为模式是怎样被认识的以及你对他们的认识有什么不同。但这里你仍需牢记他的观点可能会因他的职位而有倾向性。

还有一点要注意的是得到任何有关行为的反馈信息都是为了明确你看自己和他人如何看待你有什么不同。这些不同有可能是积极的，也有可能是消极的，或者仅仅是一些不同而已，这也不意味着这些不同需要调和或你需要在所有不同的行为上改进。意识到的才是关键所在。你认识到了你在他人眼中与你认识的自己有所不同，最后可以决定哪些行为应该被改进。如有可能我们在后边再具体讨论。

2. DISC的概况

在我们考虑改变我们的行为之前，我们首先应理解它，并应知道为什么它会是这样。因此，我们应了解自己并应清楚我们的潜意识怎样驱使我们这样行为。

常用的鉴定行为特点的工具是INSCAPE DISC个人简述系统。这套系统有不同的版本，其中不同版本间又有些差异。后边章节中参考的内容来自于INSCAPE出版公司。公司在六十年前开创了DISC学习方法，并已将该方法翻译成二十一种文字推广到世界五十多个国家。该公司宣称有超过四千万人使用这套工具来探索建立更强化的人际关系。最近的INSCAPE出版公司的经销商可通过他们在美国的机构1-800-395-0957取得联系。

DISC Classic的基础是基于参与者要对一系列范围广泛的陈述作出回答。行为特点是通过分析四种基本方式作为指示而体现出来的。而这四种分析方式的字母缩略词是“DISC”。它们是：

控制力：这是一个人表现出的直接、控制、决定和强有力的意志等特点。也可以使用“指示”这个词。

影响力：就像这个词所暗指的，这个人倾向于使人充满热情和影响他人的方式来管理，而非用控制方式。

稳健：一个具有稳定、合作、前瞻性、从容不迫，有好的倾听技巧和交往能力的人。

严谨：小心分析型的人，他强调精确与顺序并有系统，注意质量。

在完成了这个调查问卷后，回答由上面的四个定义决定而被列入不同的表格。这样，主要的性格特点就显示出来了。由支配性的强弱依次排列。每种性格对应一种行为模式并有在特定情况下如何改进的注释。

DISC 图示由高到低将会给出四个分数，而分析基于最高和其次的得分。比如，最高分为“D”而其次的是“C”这就使其行为得分为“D/C”。

不可避免地是，这四种模式的一种将在最顶端而另一种则会在最低点。通常，有两组的得分将会高一些而另两组则在其中。很少有四种在相同的水平上，因为没有人能同时在两个极端都表现得很好。

十六种组合将在分析中被分类，而且每种行为特点会被讨论。仍旧拿“D/C”举例，分析得出的结论是这个人显示出“创造”类型的特点。并表现出以下特点：

合作

迎接挑战

有权威

管理困难

解决问题

更具体的“创造”类型的分析可分为：

情感：接受挑战，也许表达不甚明确

目标：主导；特别的成就

对他人的判断：个人标准，做事是否有条理

对他人的影响：通过设定发展的步骤和革新的方法

对团体的价值：变化的发起者和设计者

过度使用：直率，批评的或谦让的态度

处于压力之下：对平常工作易厌烦，受到限制时生闷气，独立行事

担忧：没有影响力，不能达到其标准

需改进的地方：热情，老练的交流；有效的团队合作

其他的形式，例如“完成者”“顾问”“获得成功的人”“评估者”“创办人”“完美主义者”等也都有明确合适的特征。

这肯定不是一个具体的科学，但确实是对于具体的个人使用怎样的方式更适合于其工作的一个概况。而且，当你在阅读不同的定义和解释时，总会找到一个适用于你的模式。

我们还必须承认潜在的风险性存在于这种概括中：

- 人们可能只注重于图示，而忽略了注释而导致错误结论。就像上面显示出来的，这不是一个绝对化的问题，很多特点有可能重叠。在分析结果时需要经验与技能才能得出准确的结果。

- 有人以好或者坏的视角来看待这个问题，其实这并没有任何价值取向。以支配型为例，它并不一定是好或者坏，而是取决于特定的环境，而且好坏两种情况都有可能。

- 对于结果的不同陈述可能导致错误的结论。比如，如果你是一个支配型的人则可能被考虑晋升或从事管理工作。

- 这些结果可能用来掩饰一些缺点或不可接受的行为。比如，你是属于支配类型的人，但这并不是你表现像一个独裁者或暴君的借口。

因此，分析概括的结果应非常小心地得出，而且最好由专业人士来完成。在这四个标题后的解释及一些其他的因素可以帮助我们理解自身和他人的行为方式，更大的耐心和认同应该给予，而我们的行为应做如何的改变也应被考虑。

把参与 DISC 看做一次机会，一次认识你的下属的机会。他们也会欣赏你的开放性，也会更好地理解你的行为。

3. 行为与风格

一个人的行为模式与管理风格之间见有必然的联系。每个人的风格都由特定的情况和行为倾向而决定。但 DISC 并不是给你一个个性简述，它并不能帮助一个经理处理个性的问题，而这只能是其行为的问题。

还有重要的一点要记住的是不管这些方式是什么，不同的问题需要不同的方法。行为的变化是随环境变化而变化的。如果有紧急事件出现，即使只得到了“HIGH S”，参与其中的经理也应该表现得像得到“HIGH D”的主管一样。

除此以外，没有一个经理会只有一种管理方式。这是哪种方式占支配地位和个人倾向的问题。也没有一种单一的方式就能保证成功。经理应找到最适合于他、他的个性和工作环境的风格。

另两种考虑应牢记：

- 如果在过去的几十年中有这种趋势，那它一定是从独断专行的模式向分配管理的方向演进。

- 没有一项单一的管理模式能够应付今天管理工作的复杂性。为了明确这四种行为方式，一些不同的方法应相互补充，可以考虑以下几点：

HIGH D：公司的指令从上到下传递至公司组织内部。没有连续的指令就没有凝聚力的方法和战略。相关信息应在一项指令决定前被要求和考虑。而一旦决定，这就不再是一种分配。参与型的管理、坚定的指导性管理必须存在，以应对危机、经理与经理、部门与部门之间的矛盾。对于公司，附属机构或部门的任务陈述一旦达成共识则是指导性的。

HIGH I：在前面提到的危机中，一种支配性的行为应作为对其的反应，相关专家的建议应被考虑。你至少有一些时间来检查计划中的反映是否最合适，而你也不是用制造了一个新问题来解决旧问题。

HIGH S：不管你的性格怎样，环境可能要求你具有支配性。在一天结束的时候，一个人应对一个部门、一个附属机构，或全公司负责。有些时候你得停止调查和讨论去做一些事情。

HIGH C：你必须懂得并非所有人都是完美的，并非所有人都像你一样尽责和有动力。你必须学会考虑一些意外的情况。

最后，DISC CLASSIC 也能显示出性格的缺陷。如果一个经理能对一个人的性格全面掌握，他一定能使那个人工作更加有效和多产。一个 HIGH I 喜欢说话，有时候太多，经理就可以把他/她安排到一个更有效使用其行为的位置上。

DISC CLASSIC 的使用对于你和为你工作的人来说都是一个增加双方理解的工具。还可以看做是你鉴别自己和他人看自己的不同，以及不同在哪里的一个前提。它也是开启你及你的下属行为转变的钥匙。

4. 正式反馈

有些时候，在你完成了 DISC 的测试之后，你还想要知道其他人怎样看你，那你就得用问卷的形式来得到他人对你行为的看法，而且你应清楚地知道，你要对自己和员工负责。如果你做得对，结果也起作用，你将会发现：

你会变成一个更好、更值得信赖、更成熟的经理。

你和你的团队的效率会有所提高。

交流更加公平富有成效。

如果你能改变被视为消极的习惯，你的工作里程将会变得更加平坦。

当你表明你的行为由你的雇员来评判时尊重你的人会增多。

你可能不再用原来的视角来看待自己。这需要道德的力量和坚韧来承认你人性当中表现在行为上的有些方面需要改进。

进行这样的一项调查的时机并不是固定的。在你工作几个月后就做有些过早，等待时间过长也不行。因为你没有时间做改变，你的习惯已根深蒂固或你行为的消极方面在其他人思想中占据主导地位，所以，最合适的时间应是在你新工作的第十个月至第十二个月期间。

还有一个你要回答自己的问题是你只想要你下属正式反馈你或是你老板和其他高级经理，或者是三方面都想要。这个问题的答案没有正确与错误。

5. 360°反馈

应该被指出的是，时下有一种很强的趋势，让三组不同的人群参与到一项进程中被认为是360°的反馈。就像标题所暗指的，三个方面分别是职位比自己低、高和同级别的人。一些大公司，像爱尔康、惠普、摩托罗拉等甚至将这一概念进一步发展。他们在不同层次的人群中要求得到反馈信息甚至包括公司外部的客户和小贩。

这显然是一个敏感的问题，有些人会很自然地对它能揭示自己的秘密而感到害怕。我们建议一旦决定，这项 DISC 的工作应由有中等经验的专业人士(公司)来完成。很多提供该项服务的顾问及公司基本都用相似的调查问卷回答或陈述以下内容：

- 强烈反对
- 部分反对
- 未决定
- 部分赞同
- 赞同

有人使用数字来反应分级。比如1～5。1代表最不认同，5代表强烈认同。

另一种形式是由谁提问题决定的，有一系列的评分表格。

不可能的	**中性的**	**可能的**
0　　0	0　　0	0　0　0

以上任何方案都可以。重要的是将结果制成表格这样代表一部分人的观点就出来了。

你掌握资源的多少和你能在反馈上花费时间的多少决定了你还可以将问卷设计成对于不同管理方面的认识。

- 交流（只为你的部门或公司）
- 资源

- 培训
- 工作发展因素
- 政策与步骤
- 总经理问题
- 团队合作
- 工作保证
- 工作环境
- 工作满意程度
- 尊重(给予与收到)
- 认同
- 雇员平等
- 补偿金

有这样的一个分类，你可以将你的问题列入不同的范畴，这种方法可以使那些只存在一些具体范围和性质上更为广泛的问题被发现。

对于那些应该认真负责的人来说这样的问卷可能难以完成。这对于你的下属来说也是困难或尴尬的。比如一项评估可能是“该经理是一个决策性的领导”，其他人可能会认同你的决策能力，但未必认同你是一个领导。反过来，你还可能被认同是一位领导但不是一个决策型的。这就需要专业人士来明确这两者间的差别。这也是对被评估者和评估问题的360°反馈。

你的公司可能不愿意支付这样一个外部专业人士的费用。不仅是因为它数目小，而且还可能因为这类调查不足信。如果是这样的话你就只能靠自己能支配的资源了。因为你是一名新任经理并想学习成为一个更好的上司，那么在没有外部帮助的情况下，你应有限制地从你下属那里得到反馈。并且，应避免问卷过于复杂和广泛。

6. 调查问卷

为了开始这一过程，你需要一个合适的调查问卷。你至少有三个选择。

a. 从网上下载一个

b. 去书店或图书馆找到一本有关360°反馈的书，里面有可能有问卷的范例

c. 你自己设计

选择哪种方式与你想得到多少信息、你自己能开发多少相关问题以及你希望这项调查有多大意义相关。一个很好的办法是把这三种选择合成一个。你来做问卷，从书或互联网上找出范例使其更加完善。

在做问卷的时候，实际的价值和你的想像力是唯一的限制。由于这样做的主要目的是明确你看待自己与你下属看待自己之间的区别，调查应包含一些陈述而非仅仅是一些问题。而被调查者应被要求圈出从1 ~5的数字。1 代表强烈反对，2 代表部分反对，3 代表未决定，4 代表部分认同，5 代表完全认同。

	1	2	3	4	5
我们有很有效的交流	0	0	0	0	0
目标明确	0	0	0	0	0
表现评估基于结果	0	0	0	0	0
工作环境积极	0	0	0	0	0
团队被很好地激励	0	0	0	0	0
广泛的表扬	0	0	0	0	0
老板办公室的门始终打开	0	0	0	0	0
犯错之后对于惩罚不感到害怕	0	0	0	0	0
我总是知道怎样和老板保持一致	0	0	0	0	0
我的老板公正又客观	0	0	0	0	0
组织内部没有偏袒徇私	0	0	0	0	0
在我需要时总能得到帮助	0	0	0	0	0
基于客观事实，决定总是及时做出	0	0	0	0	0
团队合作被培养	0	0	0	0	0
我们部门的工作很重要	0	0	0	0	0
鼓励冒险	0	0	0	0	0
补偿金公正无偏见	0	0	0	0	0
支持与指导总是被提供	0	0	0	0	0
培训在进行	0	0	0	0	0
鼓励主动性	0	0	0	0	0
问问题被视作积极的	0	0	0	0	0
性骚扰不被老板容忍	0	0	0	0	0
没有歧视	0	0	0	0	0
意见的广泛征集并得到认同	0	0	0	0	0
在接触老板时他心情良好	0	0	0	0	0
允许个人犯错	0	0	0	0	0
集体会议富有成效	0	0	0	0	0

冷静处理危机	0	0	0	0	0
方向明确并能坚持	0	0	0	0	0
战略与战术能被很好地理解	0	0	0	0	0
现实地设置最后期限	0	0	0	0	0
重要的和看起来重要的被很好地区分	0	0	0	0	0
工作量平均分配	0	0	0	0	0
我期待做的工作量是合理的	0	0	0	0	0
你知道正确地追随的人	0	0	0	0	0
有时我怀疑被告知事情的真相	0	0	0	0	0
我为这家公司工作而骄傲	0	0	0	0	0

除非是那些不重要的问题，否则对于这种陈述的数目没有限制。除非你能决定哪些对你来说是很重要或应包括在内的问题，否则你应在最后留出足够让参与者把重要的东西陈述出来的空间。

为了得到你应得到的最直接的反馈信息，参与者们必须有自信心而且让他们的答案不署名，这样只让他们找出正确的答案而不署名就可以保证他们的匿名，参与者在回答之前也不可以相互讨论。

你自己也应完成这项调查，特别是用你的视角来完成，弄清不同的问题，不同的观点分歧。

此项调查的主旨在于发现观点上的一些不同，所以同样的方法可以用于将来一些问题的调查：

雇员发展

需要评估的培训

广泛的观点以及雇员的喜好

群体的风尚

工作环境的满意

客户的满意

一旦每个人都完成了调查，他们的反应应被核对以便找出相应的类型。在做完此项工作后，另一项重要的步骤是得到的结果应被全组分享。不管是这个或是其他的调查，参与者都应看到对于他们的反应有所行动。不然他们不再会认真地参与到另一项调查中。因为他们会自动地认为“没什么可担心的，没什么可改变的”。

因此，在所有的反馈被收集和分析后，一个全体成员的会议应被召集以检查结果。你应首先看一下每项陈述以确保其有效性，然后从中得出组员的真正反映是什么。如果意见一致，那就没什么可讨论和改进的。但不同的观点应被探究。

这对你来说可能是件痛苦的事，它需要你有非凡的沉稳、成熟和耐性。比如，当你觉得你的门时常打开，但你的雇员却觉得你不可接近时，你不仅会感到惊异而且还不得不承认你有了问题。同样的情形还有可能是你认为你具备决断能力，但你的下属却认为你不能做决定。另一种认识分歧的范例是你很慷慨地表达了表扬但你的下属却认为表扬只是在中等甚至稀有的水平上。

这种认识上的差异应被明确，因为只有这样你才能考虑在哪些方面需要调整及怎样调整你的行为。

上述对于反应深入的回顾以及调解是一项非常费时的工作，所以一定要保证充足的时间，以及开放性的结尾。如果可能把会议放在办公区以外完成，这样会使气氛显得不是那么正式以确保更开放真实的反馈。这也不应成为一次比赛，应该有胜利者和失败者。它主要的目的在于营造一种积极的交流氛围使得团队合作和生产效率有所提高。你作为管理者，可以带来一些令人满意的改变。你也必须调整一些在你的雇员看来消极、产生相反效果的行为。

C. 改变你的行为

你应从上述会议中得出明确的需要改进的行为。给你几天时间让你从看自己与他人看自己有很大不同的现实中恢复过来。诚实地对待自己，找出答案的原因或例子。不要为了下属认为的你的消极的行为辩解。他们表达了他们的感受，对于他们来说这些感受是一些不争的事实。

一旦你经历了从内心接受提出的问题，接下来就要考虑应该改进哪些方面，并从最明显的地方开始着手。如果你的人揭示的问题只有三四条，那你非常幸运，并可以改进它们的计划。你可能希望一开始只专注于一个问题，你行为中令人不快的一部分，直到你不再那样做为止。然后进行你计划中的下一个清除工作，直至最后。

这需要时间，你不能一下子改变已养成的习惯，特别是以前你没有意识到且与你的个性相反的行为。可以把你放到一个第三者的位置上来观察自己，用别人的眼光来审视自己：

你所说的

你怎样说

你的肢体语言

你的面部表情

你的反应

你怎样处理问题

你开会时的行为

用其他人对你的反馈来检查自己，严格要求自己并专注于行为的改进。如果你能记得，就要对那些能够做的与以前不同的事多加留意。你必须给自己当教练。

我们中的大多数人都会有情感激发。某人说什么和做什么后会有消极的反应，这样表现会很明显。有时仅仅是为了看看他能否比你做得更好，或是看见你发怒时的表现。弄清楚这些能够引出你的问题，将其置于你的掌握之中。如果有人说了什么并期待你的爆发，就数三下并微笑吧。

“有趣的评论”，你也许会这样说。沮丧和愤怒可以控制，但你一定要有这样的愿望，并不断努力知道它会变成你新的、调整过的行为。

你的行为是你的性格和个性的表现。你不能治疗潜在的疾病，但你可以清楚症状之后从容应对。

第七章

集体/公司文化的重要性

你们公司的文化是什么？是的，即使你从未想过它，你能给它下定义吗？可能不会，因为你怎么会给自己没有见过、摸过、感觉过的东西下定义呢？你能给自己国家文化下定义吗？还有你的家庭？也许不能，即便是你很了解它们独具特色的文化。

我们当中很多人，一想到文化就会想到艺术、音乐、文学、绘画、建筑、舞蹈等，或是历史：战争、人类学、纪念碑、名人、科学成就、发明、宗教、民族、地理等东西。

我们认为欧洲、亚洲或拉丁美洲是一个文化独立的整体。然而这只是简单的地理概况，这些区域中的每一个国家又有各自不同的文化。不仅巴西和阿根廷有着不同的文化，越南和中国也是一样，而且即使在同一个国家南方与北方、东部与西部、本土与外来的文化也不相同。同一国家里，不同的民族部落和宗教团体也有不同的文化。比如加拿

大，可能被许多美国人视作美国的第五十一州，但它自己就有好几种文化。法裔加拿大人，英裔加拿大人，爱斯基摩人他们也大不相同。

这是一个公司中非常复杂的问题。你和你的雇员会在一个特别的文化氛围中工作。这种文化对人们怎样工作，对自己做的活、所在的公司、生产效率是否开心满意都有很大影响。

A. 它为什么重要

基于你受教育的程度、长远的健康以及你所居住的环境的考虑，你会花费 35 ~45 年甚至更多的时间去工作，而在这期间你是否快乐将由两个因素决定：

公司文化

你具体的工作

这两种文化一起决定了你对职业的满意与否和你最终是否成功。即使你能更换你工作的场所，但你几乎不可能改变你为之工作的整体文化。因为某一行业的整体文化已经固定下来，当你向上看，看到整个组织的层面时你会发现许多方面都无法改变。你只有向下看，在你的小组内部进行一些改变。即使如此你所能做的也非常有限，你能改变的程度也由你公司内盛行的文化主导着。

也许在你想起每天早上上班的情景时，“高兴”这个词有些老套，但它却是合适的，想想下面的问题：

你希望去工作，还是害怕工作？

你渴望做事还是勉强去做，或只是因为某人不停地看着你的肩膀才去做？

你能愉快地工作，还只是害怕丢掉工作？

你以自己的工作和公司而感到骄傲，还是你满不在乎？

你能不怕受惩罚地体现出主动性呢？还只是在你被告之后才去做或者完全按照指令去做？

你能公开地谈论你的问题和担忧，还只是沉默地去忍受？

你有行动自由呢？还是被老板或公司的政策和程序严格限制？

这些问题的答案很大程度上取决于你工作环境中的文化。这类问题的答案也决定你工作是否快乐、工作效率是否高以及你是否成功。一个快乐雇员的工作效率总要比一个不高兴的要高，而一个高效率厂的雇员总要比一个低效率厂的雇员更成功。因为工作环境中的主导文化如果适合自己就会感到快乐、会拥有更积极的工作态度，这会大大提高我们取得成功的自信。

如果主导文化是消极的就不能营造出一个快乐的工作氛围，人们也不会满足于管理、雇员、自身、客户，他们只会勉强地处理问题。不

满像传染病一样会快速传播，使得本已消极的文化变得更加恶化。不满又反过来影响公司的形象，因此也侵蚀了成功的机会。它会变成一个恶性循环，会使很多东西失去控制。

一家公司怎样处理这一问题关系到他们的公司文化在公司内起到怎样的作用。

也许你熟悉财富杂志每一年在美国评出的“100 个最值得工作的公司”。这绝对不是巧合，尽管排名每年都会有变化，而 100 家最好的公司却趋向于保持稳定。为什么会这样？因为这些公司文化都保持着一种积极的态度。这些排名是由员工调查、公司自己准备材料以及员工对其公司作何感受的主观反馈组成。如果他们对其工作及雇主感到满意，那么他们会取得广泛的成功。这些公司都追求保持积极的公司文化，因为这对取得成功太重要了。

B. 什么是企业文化

这并不是想要给你的公司文化下定义。这个问题只能由你、你的管理和你的雇员来回答。它更像是对于一个公司来说文化意味着什么，那么到底该怎样解释和如何理解它呢？

“文化”一词的理解可宽可窄，这取决于你的观点和立场。你认为是文化的东西其他人可能并不这么认为。而这种不明确更加重了它的不确定性。当然，一个英语单词在翻译成任何一种语言时可能在这样做时会给我们完全不同的定义。

当文化与工作相联系时，一本普通的字典可能会这样说：“……一个特定人群的信仰、风俗、习惯和社会行为”，它还包括通过训练和教育发展的一种技能或技巧。当然文化远不止这些，为了懂得这个词的内容我们应更宽泛地考虑这一术语，文化一词包含以下一些因素：

1. 风气

从本质上讲风气是一个真实的并可衡量的。虽然我们工作环境的真实温度——太冷，太热，可能刚好可以作为影响工作的一个因素，但我们在这里所说的是对工作环境的反映。这种风气是温和的还是严厉的？平静的还是暴烈的？这种风气的变化是渐进的还是突然的？是光明、明亮的、还是黑暗、模糊的？是友善的还是充满敌意的？

问问你自己，想想你们公司的情况，回答会显而易见，这也会明确你们公司的文化类型。

2. 氛围

你们的工作压力大还是小？压力表是上升还是下降？你是否处在没着落又不能说的境地？这种氛围是积极的还是消极的？乐观情绪和悲观情绪谁占主导地位？人们是否高兴并且爱笑，或是他们看起来并不高兴表情严肃？其实不用精确的测量，这种氛围就能被感知出来。只要从一个办公环境走过你就能完全感受到那里的氛围，不管是你们公司还是你正在拜访中的公司。这是文化的一个组成部分。

3. 环境

工作环境应该从两个方面考察：

a. 物质的

你工作的真实环境扮演着一个非常重要的角色。如果办公室宽敞、明亮、设计新颖、有足够的私人空间，那么与拥挤、破旧、嘈杂的办公室相比带给你的将是两种完全不同的氛围。无论你是拥有私人办公室还只是一个小房间或者仅仅是一张办公桌，这都会影响你及下属的感觉。总体尺寸会使情况有所不同：不论你是与上百人在同一个建筑里，还是你一个人在一层楼中。

某种程度上人为的或者故意营造出的排场是很重要的一个因素。比如，有一个带窗户的办公室比有一个只是很大的办公室更显得有地位。有的公司，你仅从他办公室的窗户数量就能判断出一个经理的级别。几乎所有的高级经理都会与顶楼和拐角的办公室相联系。CEO与普通职员的工作环境会有很大的不同。

b. 非物质的

风气和氛围构成了这种非物质的环境。他们是整体和主观因素以及渗入到工作环境中的精神。它很难定义，但很容易被感知。

C. 文化与我有何关系

如果还不够明显的话，那么需要指出的是公司的文化影响着我们每一个人。除了我们每天具体的工作以及对工作的喜爱，没有什么东西能够比公司文化对我们产生更大的影响了。即便是我们的补偿金也是公司文化的一个组成部分。因为人事政策是它的组成部分，这也决定了我们的薪金怎样或多长时间增加，以及其他一些福利被给予。你能够自由自在地去进行实际管理既是文化的结果，也是文化的一部分，它与你的每一个部分都有关联，因为你也是文化的一部分，是牺牲品，也是受益人。你是 CEO 与雇员之间的联系纽带，也是文化间的纽带。

D. 是什么决定了文化

没有一个因素被认为比其他因素对文化能产生更重要的影响，所以，以下提到的因素没有按重要性排列。这项列表并不是无所不包的，可能会有不可避免的重叠，但在这里讨论的因素描绘出了文化。

就像前面所述，一个公司的文化是建立在由上至下的基础上的。这是你几乎无法改变的。但总有一些方法，不管是在一个大的程度上还是小的程度上，会让你控制文化在你与你下属间传递。当一个公司拥有自己的文化时，并不意味着在公司的每个部门这种文化都是显而易见的。但是一家跨国公司的海外机构必须拥有与母公司或其他兄弟公司相同的文化。一个海外分支机构的独断专行的总经理将会创造出与其他分支机构完全不同的企业文化。比如：

1. 不可控制的因素

a. 产品

一个生产和销售救生用品抗生素的公司是与生产瓶装水或筷子的公司大不相同的。雇员的自尊心与热心程度可能不太一样。对于客户的服务承诺可能会有不同。雇员的社会地位和受教育的背景也不太一样。生产线会影响到一些经费问题：一家制药公司不得不有一些研发

和债务保险的开支，它还得有一些生产消费品的公司没有的部门。它的风险性会更大一些。

这些不同就已造成了文化的不同。

b. 环境

你的公司是赚大钱还是赚小钱或赔钱，都很大程度上超越了你能控制的范围。这些因素不仅会影响你的工作环境、你能掌握的资源、你能控制及压力的程度。

紧急事件会出现——一个产品可能被召回，一次政府性质的调查可能会展开，一次突然的账目核查可能会开始——你们公司将怎样对这些事件做出反应是一种文化的体现：立即对这些事情负起责任还是拒绝？

市场或竞争环境可能会突然发生巨大的转变，你的公司会简单地接受当前的不可转变的形势还是有应变计划并随时可以执行。公司是否准备渡过难关，还是鲁莽地以解雇职员来减少开支？并不是所有的公司在经济状况坏的时候都裁员。那些对其雇员忠诚的公司比起那些一有经济问题就裁员的公司有更好的士气和不同的文化。两种选择都可以，但它们肯定是不同的，其文化也不同。

c. 历史

一个有着悠久历史、保守、传统、反对冒险的公司与一个新的、乐于冒险的公司有着不同的文化。一个有着容易分辨出其名称——哪怕仅仅在其自己的领域——的组织将会与没有人知晓的组织机构有着完全不同的工作环境。这对于你们的产品来说也是如此。品牌认证是一项很重要的市场因素。有知名商标的知名企业比没有知名商标的不知名企业更能影响企业文化。不止一家公司为了改变其形象极力地改换其名称，并且随之而来的是他们的文化也为之而改变了。

d. 管理发展

你们的公司是否有一套行之有效的管理发展计划？或者只是有一个嘴上说说的？它是否透明或具有连续性；是基于评估与表现还是专制、难以理解？这种发展计划是否被合适地培训支持使受训人进入下一个级别？所有这些可变因素以及它们怎样被表述都会对公司文化产生重要影响。

e. 人事政策

○ 薪酬

绝大多数公司是在总部或高层上决定薪酬需要多长时间调整，调整的幅度是多大？加薪是否与职务升迁有联系？特别的薪酬提升是否基于特别的情况并是可协商的？薪酬管理是否被认为公平、公正的。除此之外是否有其他的替补方案？男女在同一职位上时是否薪酬相同？雇员的薪酬是公开的还是被严格保守的秘密？

这些因素会影响到我们最关心的问题，也会影响到文化。

○ 升迁

你们的公司从内部还是外部提升人员至重要岗位是否有相关政策？或者根本没有？如果倾向于从内部提升人员，是否所有岗位对于所有合格者都是开放并且客观、公正的录用？或者提升是基于主观，非透明的标准甚或是个人喜好？还有可能只是基于“政治”？

今天如果你不表现出进取心，你就不会停在你所处的职位上。这对于你的同级或上级来说也同样适用。如果你觉得你升迁的可能会被公司宁愿从公司外部选择人员的政策所限制，你是否会感觉所有大门为你进步的工作晋升打开时表现不同？这些问题的答案也是公司文化的组成部分。

○ 工作时间

公司政策是否允许有一定的灵活性的时间支配，还是过分地强调准时？午餐时间长一些还是短一些？工作超时之后是否会有补偿，还是将超时工作认为理所应当？这些全取决于公司的文化。如果这些因素有所改变，文化也将随之改变。

○ 服饰

这一因素较之政策来说更容易受到其产业及你工作地域的影响，也会因时间的改变而改变。如果说几年之前休闲服饰还不被一些商业领域所接受的话，那么现在这已成为被广泛接受的现实了。一个公司将“西服领带”的穿衣哲学转变为“商务休闲”的话，那么会自动带给其文化的转变，就像“穿你喜欢穿的”将带给大家一个完全不同的工作环境一样。

○ 额外津贴

这在“100 家最值得工作的公司”中扮演了一个极为重要的角色。作为一种规律，公司的福利越好，就越被视为适于工作的环境。能否留住一个好的员工，津贴的考虑甚至比现金本身的补偿金更为重要。我们应该对额外津贴心存感激，我们都希望多得一些，一个有着广泛津贴的公司将与津贴很少甚至没有的公司的文化是不同的。

f. 管理结构

管理结构是臃肿还是精简是很容易被感受到的。虽然仍有少数公司拥有数量众多的管理结构，但机构的精简对其来说仍有重要意义。一般说来，机构越精简，管理越有效，而且这样还会使交流更加通畅，使你有更大的行动空间。做决定的人越少，反应的时间就越快。做决策的时间越长你就能越从容地应付。

g. 中央集权式的管理与非中央集权式的管理

很多公司都在这一选择上经历了循环反复。他们可能实行非中央集权式管理已有一些时间，在战略区域内有或者没有区域办公室，这使得他们有相当的自治权利，但在这之后会发现开支增加、交流困难，然后又回到中央集权式的管理模式。这两种行为都是费时费力，开销巨大且管理混乱不堪。常常是即奉行第一种管理模式之后又奉行第二种模式的公司在反复几次后发现哪一种都没有清晰、有效的管理，这又使其创造了不同的文化，而实行非中央集权管理的公司又常常使忠诚与归属感倾向于地区、区域性的办公机构。

h. 规模

仅仅是你公司的规模就会在公司文化中扮演重要角色。一个拥有上万人的大集团企业或仅在一个范围内就拥有一定人数的公司与一个小型家庭拥有的公司感受是完全不同的。你可能是一个大公司中的雇员而同时又是一个小型家族式公司中的一员，但交流会是不同的，决策、预算、管理等等也是不同。现实是机构越大官僚现象越为严重。而当官僚主义成为一种需求无处不在时，过分的存在会使人感到

窒息。应采取用更多的时间治理根深蒂固的官僚主义，至少要使氛围快乐一些而非沉闷。责任与指责也会传开，冒险行为也会变少甚至消除，你的成功将依赖于其他很多人，所有人都想争得荣誉。这与家族式企业相比会有所不同吧？

i. 侨民

跨国公司经常要用侨民来做主要工作部门的总经理、负责人、产品经理。还有一些公司只在一些短期和紧急的情况下任用侨民。不用讨论雇佣侨民的好处和不好之处，只是文化的问题就与当地的管理大有不同。很有可能，一个外国人不能听说当地的语言，或将其本国的管理风格和价值观带入其中，甚至对当地的风俗和历史漠不关心。即使他很努力也未必能理解当地的人情世故。他可能不能忍受当地人做事的方式。他明白只能在那存在的有限几年倾向于以短期的方式来思考和行动。仅就语言障碍就有可能使其难以接近。

这些都会影响你对工作的感受以及你怎样从事工作。

j. 全球市场与本地市场

这是与中央集权化和非中央集权化相关联的。公司决定了全球市场化的进程，至少从战略上讲这会提高效率并更好地利用资源。有的公司几乎决定所有的事务，连具体的战术实施都要进行干预。

另外一些公司则认识到成本不能像所期待的那样被节省，机构的各种开销不可避免，所以他们相信当地的分支机构会把战略、战术的决定权留给他们，只要最终结果与期待中的一致即可。完美的战略、雇员的技能等问题会由这些可变因素决定。这两种哲学都可用来指导实践，但关键的是在于文化起着影响的作用。

k. 重新雇佣员工

每个公司都会在一定时期内不管什么原因失去了一些好的雇员，而同样不可避免地是，在一段时间以后，其中的一些雇员会意识到离开是一个错误。假设他们没有在离开时自绝后路，而他们的表现也不错，你们的公司会考虑让他们回来吗？这同样是一个没有对错的问题，但两种选择却与公司的奉行精神产生冲突。一家跨国公司的高层管理人员曾经这样解释："我们偶然会失去好的员工，这告诉我，我们并不完美。但我们常被他们要求将其重召回公司的事实又告诉我，我们毕竟是一家相当好的公司。"这种观点会使人感觉很好吗？

拥有一个重新雇佣员工的政策会使一些人很容易就离开，但在这种冒险的同时却体现出了公司的仁爱与宽恕，这是一个非常积极的方面。这会逐步培养出一名员工的自豪感，被重新接受的人将会成为人人都希望的亲善大使。

l. 道德

这里我们谈的是一个公司的道德承诺而非你个人的道德。你可能永远都不会面对个人决定你行为或方式在道德上是否正确，但一家公司会面对这种情况。腐败是在世界范围内以这样或那样的形式存在的。而在一些国家如果不用当地并不可靠的方式几乎就不能取得商业上的成功。除去合法的行动之外，道德的问题便出现了。给你的客户大量的样品并没有触犯法律，但如果它们只是被用来人为降低你销

售的产品价格怎么办？那么这样讲就道德了吗？如果所有的竞争对手都这样做呢？通常到了道德角度，答案就不是那么明了了。

道德可以影响到招聘、解雇和提职任命。我们广告中所说的、没说的，或者怎样说都是道德的体现。它也体现在我们如何处理和顾客、政府的关系方面。

有一件事情是肯定的：这世上有道德水平高的公司、道德水平低的公司，更不用说还有那些压根儿不讲道德的公司了，坚持在所有的事情上都遵守道德规范或者不这样做，是公司文化的一部分。

m. 目标宣言

还要提到公司的目标宣言，这不仅仅是你可以向你的员工表达出来的，因为没有必要的表达可能只是没有和公司的目标背道而驰，甚至是相差甚远的。

多年来，数目攀升的公司都在遵循着制定目标宣言的趋势。这些宣言广泛流传着，并且常常张贴装匾于整个公司显人眼目的墙上。这些宣言承载着一个有用的目的，那就是要让所有的员工都清楚地了解公司的信仰、它的基本长期战略目标以及对于歧视、道德、员工价值、客户至上、质量第一等问题公司所持的立场。这样有助于把员工凝聚在一起，让他们从广阔的层面上意识到公司对自己的期望，和他们能够得到的支持。这和那些看上去除了 CEO 再没有人了解或理解公司方向、价值取向的公司显然不同。

2. 部分可控制的因素

由于文化是自上而下形成的，那么你就不一定非要跟你的上级随波逐流，而是处在一个可以在自己群体或部门创造相对不同文化的位置上。这里举一个例子：

a. 交流

你可能在一个关着门的环境里工作，例如：你的老板(以及上司)将他办公室的门关着，事实表明或意味着：如果你想见他，就要预约。但是这并不意味着在你这儿你也需要对你的下属做同样的事。不应该让任何事情阻碍你开门。这就给你的下属们发出了信号：你随时向他们敞开着，不管在任何时候他们都可以自在地来找你。你的下属会希望和你分享一些事情和他们的想法，但又不是一定要预约才能专门交流的。打开你的门吧，让他们随时可以进来。事实证明这样做并没有造成什么不妥。

同样的，虽然上面没有多少信息传到你这儿，但你没有理由不和你的下属分享他们应该知道的事情。在你碰到的交流障碍没有必要传给你的下属时，这样才能给他们创造出一个比你那儿更加和谐的氛围。

b. 预算

取决于你的公司遵循的是自上而下、自下而上还是零显预算程序，你会感受到不同的文化。你很有可能别无选择，但是取决权在于你的工作性质，你可以而且应该征求你的下属给出部门的预算。这样就促进了“买进”，他们对于给出数据也会感到自身肩负的责任。

尽管总指标是下达到你这儿的，你也应该在你的团队内部用另一种方式确定数据。动员你的下属参与进来。他们不需要知道你对总指标是无能为力的。让你下属觉得，这是“你们”的预算。

c. 管理形式

尽管不同的文化因不同的管理形式而产生，但是在一个公司里，并不是所有的经理都要拘泥于主流文化的固定模式。不管你喜欢不喜欢别人对你的管理方法，你都应该让你的下属在你的管理下感到心情舒畅。例如：

> 只因为你的上司是个独裁者并不意味着你就不能让你的下属参与做决定的过程。

> 虽然你从没得到属于你的表扬，你仍然可以表扬你的下属，并且给予他们经常性的积极支援。

> 就算你的经理不向你征求数据，你也可以向你的下属征求。

> 你的经理可能不好接近，但是你却用不着这样。

能否通过做正确的事情而不是简单地按照别人管理你的方式管理你的下属，在部门创造积极的文化取决于你自己。没有什么可以阻止你向下委派，甚至于你的老板也不可以。

d. 承担风险

我们已经比较过风险规避环境和鼓励风险的环境对文化的影响。有些经理信奉："快速行动——抓住机会。"

新西兰人有句名言："如果你还没生活在山尖上，那你就是占用太多空间了。"

这些至理名言产生的意境和那种不惜一切代价规避风险截然不同。但是，不管是哪种情况，只有成功了才算数，承担值得的风险令人钦佩——不管方法如何，关键要看结果。记住从某种程度上讲，你所做的任何一个决定都是要担风险的。为了绝对的规避风险就意味着什么事情也不要做。

这并不是鼓励你在面对风险方面和主流文化方面背道而驰——你的工

作也濒临险境——只是简单说来，你确实有一些选择可以增强你坚信的勇气，同时也可以感染你们部门的文化。

e. 培训

有些公司致力于提供培训，有些则处于提供少量培训他们的员工和压根不培训之间。不管它仅仅是室内培训还是用户外课程或培训师，不管它是在职培训还是正式的培训项目，投入程度每个人都看得很清楚，并且会影响到他们所有人。对于以上任何方案，你同样可以选择：让你的下属远离培训机会(在一个强化培训的公司)，或者在反对培训的文化中至少给你的下属提供在职培训。不管怎样你都会影响到下属对你和公司感受，以及影响他们该怎样努力地投入到工作之中。

f. 长远规划

大多数的组织机构都不能不提供长远的规划，不管这长远规划是用于将来的设备需求、人力资源需求、销售、产品发展，还是扩展新市场。这涉及许多人大量的工作。公司试图解读未来三年、五年甚至十年的状况。而有些公司仅仅例行公事地把长远规划制定出来，为的只是用有文字的计划展示给董事会看，然而成文以后就不会再多看它一眼。

不管你的公司有没有一个有意义的制定长期规划的过程，不管这是否涉及到你，你都应该在你的职责范围内考虑准备这样一个年度计划：

你希望你的部门将来会走到哪一步？

你需要何种程度的支持？

你将来的人力资源需求是什么？

你必须支配哪些资源?

你需要把你的下属培训并发展到何种程度?

你还需要为你日益壮大的队伍创造多少空间?

你通过和你的团队商讨并完善这一计划，会促进忠诚、奉献、承担义务这些品质发展的同时也会给文化带来影响。

3. 可控因素

你不能在你的部门建立违背企业文化的文化。不论好坏，你和你的下属已经是企业的一部分了，所以你应该从本质上积极地强调它。

前面已经说过了，要铭记文化自上而下传播的属性，这就意味着你在自己的团队创建“迷你文化”，始终要记住:

a. 公平

尽管知道我们不都是理想主义者，但是所有的人不都是生活在理想世界并希望在任何时候都得到公平的待遇吗?你多长时间会观察一种行为、对他人的待遇、一个过程、一个事件或是一个礼节，你会心里想:“这不公平!”

虽然承认它是主观印象，却无疑留在了你的记忆里。它令你苦恼、搅乱你内心的平衡、影响着你的工作，哪怕是暂时的。

所以能够确信的是:如果你的下属认为你对待他们有失公平，他们就会有同感，如果你偏心眼儿的话;如果你仅凭主观去表扬或惩罚人;如果你忽略了敏感性、个人问题和特殊情况;如果你总是非对即错，非黑即白地看待问题，不能公平处事。生活中没有什么比受到不公平的待遇更令人难过的了。如果你希望你的下属感觉良好并且拥有一个积极的工作环境，时刻注意公平！

b. 态度

你自己的态度、你对团队发展的态度会影响到文化和结果。只要怀有积极地“事竟成”的乐观主义者的心态，就是碰到那些看似不可逾越的问题也可以解决。

态度不积极就反射出悲观者的消极，这已经在太多情况下成为一种自我实现的预言，这是找不到办法的，就像厄运降临。正确的态度——意味着抱着积极地“事竟成”的态度——可以弥补个人存在的许多其他缺点。

但是把一个天生的悲观主义者变成乐观主义者可能很难，因为一个人的态度不可能马上发生巨大转变。不过通过适当的例子，个人的努力，可以改变这些行为(第六章)。

与此相类似的是人们表现出来的激情(见“重要的性格，”第三章)。那些不会表现也感受不到激情的人——包括要解决问题和把事情处理好——很难发展为你希望在本部门文化推行的积极态度。

c. 明确的方向

对你的下属来说，你就是他们的老板，并代表着公司。你在很多情况下就是他们的公司。从这一方面讲，你就有义务使你的下属了解他们被期望成什么样，并且只有当你给他们指出明确方向时，他们才能够符合期望值。这并不意味着要不停地告诉他们应该做什么，而是要确定他们理解你希望通过他们实现什么，并且要让他们知道你希望他们达到哪一步；也就是要致力于达到的更长期的目标。

他们需要注意到你在追求的战略，而且你所提供的指导必须是清楚明确、简单易懂，必须富有意义。不要期求人们“瞎着眼睛”把工作

做好，即：不理解他们为什么被要求这样做，也不理解为什么这工作是重要的。如果人们不理解为什么他们要这样做就很难让他们执着投入到他们应该做的工作之中。

这样你才能在你的团队里形成你所需要的、能够实现好的业绩的积极文化。

d. 动机

前面我们已经讨论了如何才能真正激励你的下属（见第四章）。这里要强调的是：和那些显得冷淡或不够进取的团队相比，一个积极进取的团队创造并代表着截然不同的企业文化。态度和激情总能够"手牵手、心连心"地进行传递，一个积极进取的人不可避免地会对他的工作、公司、他的团队满怀积极的态度，并且在任何时候都会对工作下定决心竭尽所能做好。

E. 结论

对于公司文化这个问题怎么也讨论不完，毫无疑问还有许多影响它的因素。任何一个这里提到的因素都不能够脱离上下文来看待，也不能分孰轻孰重。是诸多的因素的结合——如果不是所有的——形成了特定的文化。

切记"文化中的文化"能够、而且有可能共存，尤其在一个庞大的机构里。文化的本质是自上而下形成的，通过行动、行为、政策等建立而不是通过特别的设计。每一位经理/总监都影响着它，并肩负着一定的责任。意识到文化的重要性，意识到有什么能够对文化造成影响，并且我们个人能够对文化做些什么，它就像工作、职业和健康造成的影响那样，是我们能否长期作为一个成功经理人的关键因素之一。

第八章

实用的哲学/格言

你可能会奇怪，其实是正当地：为什么本书会用一章来探讨如同世俗观点的工作哲学，如同陈词滥调般的格言。

答案很简单：这本书是为了给你提供一个实用的方法帮助你去学习掌握新的管理任务而设计的。这就意味着：你将要面临各种问题和状况却不知道如何妥善、迅速地处理，但又不能置之不理，这就要看你有没有一个简单易行的解决办法了。它们需要你去做点儿什么——通常是在没有充分的事实、经验或者客观的背景信息的情况下做决定。如果不是，那么有什么可以帮助你？

这就是哲理、格言，它们告诉我们的以及它们蕴含寓意的价值所在。这些明智的话语——用一个陈词滥调——已经是如此的正确了，因为它们已经经过时间的检验。

你同样也会奇怪：为什么会在这里进行讨论。毕竟，众所周知的格言多的可以填充若干字典。答案也同样：这里选出的是提供给你在你茫然不知所措的情况下可以求助的实用指导。它们大多数都是非常简单、明了的哲理，并且这样你才信得过，因为它们已经被证实了自己的正确性。在没有其他帮助的情况下，它们会给你一些根本的引导。乍眼一看它们都显得过于简单，然而，它们却承载了巨大的真理。有个事实能够证明这一点：有许多的国家/语言都拥有相同的格言，虽然措辞有所不同，教给我们的道理却有异曲同工之处。

A. 哲学

接下来要讲的并非原始观点，就像你也可以推导出来的一样。从某种程度上讲；作者也不晓得它们的出处，也不能指出他们的原创者。

1. 自我实现预言

不管你是天生的乐观主义者还是悲观主义者，总是设想着最好的或最坏的事情发生，有一点已经得到反复证明：你的期望能够强烈地影响到事实的结果。或许我们在潜意识里想证明自己是对的，所以不知不觉地影响着事件带着我们前行。如果我们相信一个确定的行动计划会带来令人向往的欢喜结果，我们就会充满干劲儿以积极的心态处理事情从而令结果发生。另一方面，如果我们并不是真心认为事情能够得到解决，如果我们不能够逾越我们的怀疑，那么这些消极的设想就很可能成真。不管有什么提议，一个简单的问题或想法“为什么麻烦呢”就注定了它的结果。因为你的心不在这儿，所以你就不给它支持、时间和精力，不给它变为现实的机会。你想它会失败，所以它就失败了，你的预言实现了。

如果你的态度相反：你确信这件事情没问题，好事情会发生，那么成功的可能性就会增大。你的工作能力非凡，你会超越自我地投入，别人看到你那么尽心竭力的工作自然会以你为榜样，这种积极的处理方式就会促使成功的预言实现。

同样的现象也发生在对人的方面：如果你设想他们是能干的、有竞争力的员工而不是一开始就怀疑他们，他们就更有可能变成这样的人。你甚至可以争辩说如果选择中间立场呢，保持中立，不寄予任何期望——优秀或失败，你的员工就有可能表现平平，因为你既不全心全意地支持他，也不给他失败的自由。他感觉到你的游移不定，所以他宁可没有突出业绩也会选择把精力放在不犯大错方面。你不得不相信和表现对自我实现预言的相信。好的事情总是发生在那些相信并期待好结果的人身上。

2. 后悔

后悔是什么意思？简单地说当我们不断地面临选择和要做决定时，而且不管我们做什么，有大部分的事情我们都会对当时的做法感到后悔。不管我们能从经验中学到多少，要接受后悔从来都是不好受的。所以接受这个事实：不管对你的个人还是职业生活，后悔在所难免。

然而你的后悔程度和你做什么或者不做什么直接相关。当你有理由对你做的事情感到后悔时，你至少可以感到欣慰的是：你做了些事；你行动了。如果什么都不做——放弃了决定，如果你是这样——就会导致后悔且自责。当你有机会的时候却什么也没有做比你做了决定后来证明是错误的更加糟糕。所以，当你犹豫不决的时候，做些什么吧。倾向于某个行动或某个人——的决定会让你掌管自己的命运并给你一些控制尺度。忽略它意味着放弃、任由事情发展或让别人决定做什么，会把你推到旁观者的位置。积极主动地做事情比不做会活得更容易。你不会去想：“我真希望我曾做了什么！”

一旦因为缺乏行动和决断性而失去一个机会，那么你就会永远地失去它。

3. 相信人

既然你管理着一群人，你就想知道哪些人你能相信，相信到什么程度。相信到你会立刻完全地相信他们告诉你的，相信到通过最少的适时监督，你就可以依赖他们——他们的支持、他们的忠诚和他们符合你期望做事的能力；相信到你可以想当然他们需要帮助的时候就会找你；相信到如果他们分享了你的绝密的信息，他们会保密。

除非你通过为人处事之道断定有些人绝对不可信，否则还是以积极的态度相信人吧。这是自我实现预言概念的一部分：如果你的确相信他们，他们就更有可能表现出你的相信是有保证的。人们通常能够轻易地察觉到他们是否被人相信，如果他们觉得别人不相信他们，那么不管是什么原因，他们会——如你所期望的——令你失望。相反，如果你表现出对他们的信任，他们就会努力达到这一积极的期望值。

等到人们有机会证明他们是值得相信的才去相信他们会造成隔阂，并且会随着时间的推移逐步加深，直到你觉得这人可信你会等多久的时间？三个月，六个月，一年，两年，三年甚至五年？他们怎样才能向你证明自己确实是值得相赖的呢？你会刻意考验他们的忠诚吗？这可不是中用的方法。

另一方面，相信他们可能意味着有一天你会后悔这么做，但即便你会对信错人而感到后悔，这么做还是可取的。

应该指出的是：不可将信任与实施你的控制管理职能相混淆。信任你的下属并不意味着你就不需要控制结果、考核绩效了。没有预先确定的控制指标，你就不会知道发生了什么，你的团队对于工作任务完成得怎么样了？脱离这种客观控制的信任会危害公司，这就像没有信任的控制是无效的一样。

4. 如果你不能改变它，那就接受它

这看起来显而易见，但是你会惊讶于还有那么多的人不惜浪费时间和资源想方设法地去改变完全超越他们所能控制的事情。问题在于首先要确定你是否的确无法改变那些看上去的既成事实。你不想仅仅因为有些事看上去不可逾越就轻易放弃。如果让这么多的困难和灰色地带在我们还没有尝试之前就放弃了，这就错了，克服困难和障碍会让我们有所收获。

另一方面，如果你敢肯定你不能改变一种处境或情况，那么就趁还没到不服输就不行的地步时学会接受它。接受这事实，然后将精力集中在你能够做的事情上使矛盾缓解。例如：

一个具有竞争力的新产品问世了，它威胁着你公司的生死存亡，你又不能让这个产品消失。那么就接受它吧！灾难近在眼前，抱怨是没有用的，还是努力想想看能做些什么增强你的竞争力吧：发展新的战略，抢占新的市场，推出强势广告。

你突然发现你碰到了一个新的老板，一个控制狂，和你以前信任你、凡事不干预的领导简直有天壤之别。接受他！别试图改变他；别去抱怨并让这种挫折感占了上风。相反地，学会如何“管理”你的老板(见第四章，B 部分)，学会在他设定的框框里有效地工作。

你的公司不得不从市场上召回一种产品，别无选择，这超出了你所能控制和影响的。接受吧！那么现在，你对此能做些什么？不停地抱怨叹息并为自己难过，还是想办法最大程度地改变这种局面会更好一些？

不断反复的例子告诉我们：当你不能改变一个事实或现实时，就要接受它。你不能接受的是认为这一切已经无可挽回的想法，因为总可以做些什么来弥补这不可改变的事实。这才是你需要用一种积极主动和富有创造力的心态将精力集中的地方。

有一段祈祷总结了这种接受还是努力变好的无奈："赐予我宁静去接受我不能改变的；赐予我勇气去改变那些我能够改变的；赐予我明智去区分它们！"

5. 凌乱的桌子——凌乱的思维

过去人们一升到经理的位子，就会颇有声势地给自己配上秘书。后来，秘书也要求被其他经理共用了。为了降低费用以及随着电脑和文字处理系统的普及，秘书还要给行政或特别助理让路，即使这样，他们也会更频繁地被更高级的经理使用。

在当今这样一个节约成本的工作环境里，拥有自己的行政助理已经不大可能，顶多在你有特别任务需要完成时，可以与其他同事分享一个助理。没有谁可以帮你整理书桌和工作。你可能要给自己当秘书了。尽管"无纸办公"大力推崇，事实仍然是纸张铺满了你的书桌。这些是需要处理的，有许多你必须或希望保留。由于我们整天忙于日常的文书工作，所以没有时间、想法和相关的知识去建立一个实用归档系统。太多的报告和提案停留在我们第一眼看见它们的地方：我们的办公桌，凌乱无法避免。

当然你可以信奉——从某种程度讲也对——被文书覆盖的办公桌给人一种印象你是个特别忙特别重要的人物。然而不言自明的事实是：凌乱的办公桌表示你缺乏管理和组织能力。你赶不上当前的工作，你找东西会有问题，当然找那些你明明知道在哪儿的东西——就在那儿，只要你能马上够着它——却怎么也找不着。同样可以肯定的是：重要的事情可能被遗忘。因为一份报告一旦被堆在那儿打算日后处理，它很快就被遗忘了。后果是没有效率和浪费时间。

当一个人努力试图在堆积如山的办公桌上翻找他所要的东西的时候却什么也找不到，“凌乱的书桌，凌乱的思维”就会闪现于脑海(虽然有人可能会诙谐地回应：空荡荡的书桌，空荡荡的头脑!)。努力保持书桌井然有序：但凡看过的东西就立即扔掉，尤其是那些你发现其他人已经复印了多次的东西。再怎么样你也可以得到一份复印件吧，把那些需要回复的和只需要阅读的分开，考虑把需要阅读的带回家，利用晚上或周末的时间将它们消化掉。优先处理那些需要立即采取行动的并建立档案。为你的每一位下属腾出一个抽屉，也为你的老板腾出一个抽屉，用来存放需要与他们再议的文件。为你正在着手的项目建立一个文档，为你在每天早晨第一时间要回顾的东西建立一个的文档。在离开办公室之前，想一想有没有什么落掉的、需要归档的文件。

你的办公桌并不需要时刻清空，但是你必需避免持续凌乱的书桌带来的无效率的工作。

6. 不要假设，不要想当然

我们要极力避免仅仅通过表面现象立即推出结论或想当然，当然这需要刻意地费一番功夫才能做到。凭主观臆断或想当然太容易了，因为这样既省时又方便。另一方面，检验我们的推断就显得费时费力。然而，对于反复检查、思考、问问题我们总是有所欠缺，因为不是每件事都像它第一眼看去的那样，下面的故事就证明了这一点(遗憾的是文中的教授和故事的出处已无从考证)。

a. 玻璃罐子

当生活琐碎多得让你感到无暇顾及，当一天24小时已经不够用，当你准备假设一件事物并想当然的时候，记得那个沙拉酱罐子……和啤酒。

一位教授站在他的哲学课堂上，面前摆放着一些物品。开课了，他二话没说拎起那个沙拉酱罐子，倒空里面的蛋黄酱，接着又在里面填满了高尔夫球。

然后他问同学们罐子是不是满的，他们的回答：是。

接着，教授又拿了一盒石子倒进罐子，他轻轻晃了晃罐子，石子就滚到了那些高尔夫球的空隙，然后他又问同学们罐子是不是满的，他们的回答：是。

随后，教授又拿了一盒沙子倒进了罐子，当然，沙子填满了剩下的所有空隙，他又问：罐子是不是满的，同学们异口同声地回答：是。

然后教授又从桌子底下取出两罐啤酒，慢慢地把所有的啤酒地倒进了罐子，有效地填充了沙子间的空隙，同学们笑了。

"现在，"当笑声平息下来，教授说："我想让你们知道这个罐子代表你的生活，高尔夫球就是那些重要的东西——你的家庭、你的健康、你的朋友、你的美好激情——即便你失去了一切，只要它们还在，你的生活就会依然充盈。石子是其他重要的东西，像你的工作、你的房子、你的车。沙子是剩下的东西——一些小事情。”

“如果你先把沙子到进罐子，”他继续说，“就没有石子和高尔夫球的地方了。”

我们的生活也是一样，如果你在小事情上花费所有的时间和精力，就没空处理重要的事情了。要注意那些对你至关重要和快乐的事情。和孩子嬉戏、抽时间体检、携同你的伴侣共进晚餐，多打一场高尔夫球，我们有的是时间清理屋子、固定布局。

首先，要精心对待“高尔夫球”——那些的确至关重要的事情，确定优先次序，最后才是“沙子”。

一个学生举手问道：“啤酒又代表什么？”教授笑了：“很高兴你问这个问题，这只是在提醒你：不管你看上去有多忙，总有空和朋友喝上两杯。”

除了这个故事所蕴含的哲理以及确定事情的优先顺序，还需要注意一点：不要总是想当然罐子已经满了，或假设没有什么别的东西可以进来了。

b. 并不是非黑即白

如果每件事情仅仅可以用非黑即白的眼光看待，那我们的商业生活就太简单了，只有两种明确的选择。然而事实是，商业世界的主要颜色看来更多情况下是灰色而不是白色或黑色。不断的变化把我们的决定或结论变为判断。这灰色区域是多么的恼人啊——或者至少曾经是——在中国做生意的时候有所体验。所有的事情都要视情况而定，甚至像“你的个人所得税率是多少”这么直截了当的问题，答案也是：“不一定”，这取决于与税务部门谈判的结果。

“我们能够进口这个产品吗?”当你问道，答案又是“不一定”，这取决于我们能否靠关系找对进口商。

或者还有这样的问题：“我们能否与这个员工中止合约?”还是“不一定”，这取决于这个员工认识谁。

诚然，这些都是特例，和我们所面临的处境有所不同，我们日常问到的很多问题的答案可能还是“不一定”，那么综合各种因素的相关性和带来的影响去缩小变数就成了我们的职责。

这样我们还得回过头来做各种假设，在这些情况下，“不一定”摆在了桌面，你就要通过做各种不同的假设用你的方法达成。但是用不同的假设评估同一种情况也是有很大差别的。所以我们只能用一种特定的方法去假设。你的假设必须经过检验和评估，必须确认有效。你必须学会并记住：你在灰色区域工作很正常，要机敏地处理那些看上去只有用非此即彼(例如：非黑即白)的方法才能解决的问题。

7. 人非圣贤，孰能无过

我们都知道这个道理，然而不是所有人都知道应该如何处理我们所犯的错。我们可以分两种情况讨论：

a. 你自己犯的错误

不管你做了错事或提供了错误信息是否被“逮着”，都不应该成为你接下来的行为的依据。所以，承认吧。第一告诉你的老板，趁他还没有从别人那儿得知——他总有一天会知道——确定他是从你这儿知道的。在你单位里总会有那么些人巴望着你的老板得知你的过失，所以还不如趁早到他那儿告诉他：“我必须承认，我犯了一个错误（或是提供了错误信息，这要视具体情况而定），我很抱歉，我保证今后不再发生这种事情了。”

面对这种认错，老板会怎样？老板能够怎样呢？他可能会突然爆发，会问：“你怎么能这样做呢？”（或者：怎么会发生这样的事情呢？）但他不至于会杀你。在他发现你的错误之前，你主动坦白，就不会给他生气的时间，他也知道做错事是正常的，所以一方面你道歉了，并且他也意识到你不仅知道错还勇于承认，这样他就不会对你怎么样了。然后，你就可以在老板的支持和帮助下采取补救措施了。

在承认错误的同时，还有一件事情你必须坦然面对，你的老板（或上司）可能会问到你一些回答不上来的问题，这种情况在所难免，这时你会想到含糊其辞，蒙混过关。谁希望被别人认为是无知的呢？无论如何，你要克制住自己的这种想法，承认“对不起，我不知道，但我会去查清楚，回头再告诉你”，因为这样做没有什么丢人的啊。

你甚至可能想补充一句“你应该知道”，但是这念头只是一闪而过。很难想象谁会不接受、不给你找答案的机会。

当你实在没有答案的时候编一个答案反过来对你不利，这样做会严重损害——可能永远地——你的信誉。

b. 你下属的错误

不要痛斥或严惩犯错的人，这只会让他们反感或受伤，也毁了他的自信，没起到一点作用，你不说，他已经感到难过极了。

相反地，应该和他共同分析看看是哪儿出了错，为什么会这样，以及能做些什么避免发生类似的情况。要充满期望地提出帮助和支持，确定他明白你对他的信任没有遭到破坏，并且事情一旦讨论过后就忘了它，不要在将来找机会提醒他。

甭管这是你还是你的下属犯的错，别耿耿于怀，你为此负起责任就好了。鞭挞他人或自我鞭挞不会有实际效果，如果错误还来得及补救，就赶快行动；否则，就将它抛之脑后，吸取经验教训，继续做你的事。

8. 忠于你的信仰

这应该成为我们所有人的指导原则，面对不知道该如何处理的处境，就想一想你的信仰。并不是宗教方面的，而是你的处事原则方面的，然后依照它采取行动。这意味着做正确的事，尽管它可能有悖于今天的流行观点，或忽略了显而易见的。这信仰可能基于伦理道德、正直廉洁、人道主义，也可能基于平常却实用的常识，但是不管怎样，如果犹豫不决，就忠于它们!

9. 把荣誉给那些应得的人

前面我们已经讲过赞美别人是对他们进行激励的一部分。这种行为要在公众场合给予那些应得的人。按常规，你们部门有好事或做了好事你更有可能受到表扬。你当然想美美地享受这荣誉所带来的光辉。

毕竟，谁真正清楚这好结果应该归功于哪个人呢？可能除了你和那个真正出力的人，谁也不清楚。

当这种情况发生了，大度些！“承蒙夸奖”，你可以这么说，“但是我不配得到这样的美誉，这事儿是……谁所为，他/她才配得上这样的夸奖”，或者，合适的话，也可以这么说：“很荣幸得到您的赏识，但是如果没有……的帮助和支持，我不可能做到。”

把荣誉给那些应得的人不仅做了正确的事，也会让你看上去不错。它非但不会在任何方面损害劳动成果，还显示了你与人合作愉快，而从你这儿得到荣誉的人也感觉很好。因为你，或这种成功表达出别人给予帮助的能力，你会得到好的员工为你效劳。把荣誉给应得的人准没错。

10. 如果你要打“小报告”……

记住之前讲的有关犯错误的问题。那个斗胆报告别人过失的人是卑鄙的，他们相信——通常是错误的，至少从长远看是这样——贬低他人能让自己爬得更高，能使自己高人一等。显然，这种行为没有任何的建设性，但是总有人意识不到这一点，不要成为这些人中的一员。没准儿哪天小报告就打到你这儿了，这只能滋生复仇心理，怨怨相报何时了。

挑别人的毛病去告状，或者满公司宣扬别人如何不好，这不是你应该做的，也不会对你有益处。当然，你不能昧着良心夸你们机构所有的人。有些人，你就是不喜欢，打心眼儿里也尊重不起来，他们显然——至少在你看来——表现不行，你还得硬着头皮与他们共事。你不能强迫自己说他们的好，所以干脆就什么也别说，在这种情况下，不要当裁判对别人评头论足散播谣言，沉默是金！

11. 如果你不知道自己要去哪儿……

……你不会迷失方向，想想看，对此做点儿什么。不知道自己要去哪儿了证明你没有计划，或者没有明确的方向。这两方面都需要你去处理。

- 你必需制定一个计划（见第二章）。这个计划必须共享，因为不仅你，你的下属和老板也需要知道你要去哪儿，你何时并且怎样才能到那里。你需要哪些资源去实现计划并保持它的可行性。计划不是一成不变的，因为时事都在变，所以计划也要修改。它应该是一个不断更新和评估的活文档。

- 如果你的迷失是由于丢失了方向或方向不明确，找到你的老板请求指导和/或明示，确定你没有误解他对你的期望，以这些指导为基础制定计划，把这些期望传递下去，你的计划需要与你上级给你明示的总体战略方向相吻合。

任何时候都要知道你要去哪儿；只有这时你才能判断自己是不是面临迷失的威胁。

B. 格言

1. 不要打如意算盘

这里要说的是：小心不要对结果下不成熟的定论。好也罢，坏也罢，不是每件事都会变成我们一开始认为的那样。过了六个月甚至十二个月，结果也未必有我们认为一个星期以后那么好。反之，也未必有那么糟糕。耐心点儿，给些时间再做判断。

- 举个例子，新产品第一个星期的销售并不代表长期销售状况的好坏。

- 改组最初的几个月甚或几年的状况都不一定让人感觉到，所以，不要在结果还没确定之前断言这是失败或成功。

- 价格的变化可能几个月都感觉不到。

我们所有人都倾向于把只是想去相信的事当成事实，只看到我们想看的，所以，千万别急着打如意算盘。

2. 早起的鸟儿有食吃

让我们面对这样的现实：我们不都拥有一样的生物钟，有的人喜欢早上五点钟起床锻炼，七点开始一天工作之前给自己留有充足的时间；有的人看上去十点钟以前是起不来的，试图让这样的人做点儿有成效的事。可要想好了，那是没有戏的。好在看上去大多数人对他们的办公时间没有太大的困难，因为早起者和晚起者通常不占多数。

在某种程度上，你属于哪一类并不那么重要，只要你能够准时完成工作。然而，了解你下属是哪一类的很值得，因为：

如果他们是晚起者，举个例子，那么规定早上七点钟检查工作就不近人情。

如果他们是早起者，在下午他们已经连续工作了十个小时或更多小时的时候安排会议，效果不会太好。

不管你个人的倾向如何，你需要趁人都在的时候到场，尤其和跑外人员谈事你只能在正常的办公时间找到他们。

如果你的公司有严格的作息时间，你或你的下属却总是习惯性迟到，即使你能够保质保量完成工作，你的声誉也会受损，因为不遵守时间代表缺乏自律。问题甚至会变成：如果你总是守时，那你会再做多少工作啊！

人们的高效和机敏取决于他们的生物钟，所以，在他们的最佳状态安排重要的讨论/会议。如果你是个早起者，举个例子，但你的老板是晚起者，就不要早上第一个见他，给他时间进入状态并完全清醒——你想在他那儿得到什么的机会才会大大提高，不要在他还没完全进入状态的时候向他汇报坏消息。

很难解释原因，但是人们往往更加赞赏早起者，认为他们更有魄力，也许是因为他们对开始一天的工作显得迫不及待。他们引人注目，比那些夜班族得到更多好评，这好像不大公平。早起的老板会看谁在他之前已经到了，但是他可能看不到有人会加班到很晚。无论怎样，早到或晚退，你的工作产出会得到提高，因为你受到较小干扰。

3. 时间不等人

拖延扼杀成效。“不要把今天能做的事推倒明天”这和以上格言相得益彰。我们知道，每个人每天都拥有同样多的时间，理论上，也拥有大致一样的办公时间，那么，为什么有些人在同样的时间比其他人做的事多呢？因为他们知道：

- 怎样有效地利用他们的时间。
- 合理安排时间的重要性。
- 拖延浪费的时间。
- 确定优先次序的必要性。
- 一项任务开始之前上一项任务必须已经完成，因为能同时把两件或更多的事做好的人极少。
- 做事必须快。
- 授权是准时完成若干任务的关键。
- 确实重要的事和看上去重要的事有区别。
- 他们不会分心。
- 必须坚守最后期限。
- 组织协调你的工作、办公室和时间表是成功的一半。

- 还没有完成工作就把文件从书桌的一边挪到另一边是在冒险，因为这样会被误认为：工作已经完成。

- 不要总是提防你的下属并企图事后批评他们。

只要做到以上几点，你就具备了良好的工作习惯。如果你还没有养成这些习惯，现在就逐步培养。记住这些要保持的习惯，或列个条子便于参考和引起注意。如果你长期感觉时间不够用，这样做也颇有效。坚持记一两周的日志，看看自己每天把时间都花到哪儿了。然后给自己列一个时间表减少浪费并提高效率。记住：关键不在于你每天工作了几个小时，而在于你都做了些什么。

4. 不套马先套车(本末倒置)

或者，正如另一句格言：我们只有“先学会走路才能学会跑”，我们必须确定那“马”——在拉——和那“车”，被拉着。注意“因果关系”是区分开它们的另一个方法。这又回到了“计划”。确定在进行步骤B之前我们已经完成了步骤 A 。这就意味：有计划地、符合逻辑地、按顺序地前进。

5. 信任是对的，控制更重要

留待德国人提出这样的格言吧。然而它意义深远，全球不计其数的人都遵循着它。从工作的角度看，控制别人不意味着你不信任他，这只意味着你在实施你的管理职责。不在我们的工作体系建立控制，会给我们造成混乱，而且没有人知道发生了什么。一个公司的控制者(受信责任)和你作为经理需要进行的控制有很大差异。你可以，并且应该打心底相信你的下属，但是同时，你也需要把控制时间和绩效指标保持一致。每个人都理解并接受控制必须存在：就是 CEO 也会受董事会的监控，不管他们如何信赖他。这就是我们“制约与平衡”体系的一部分。

不那么清楚地只是你应该如何控制，与那些与你共事多年让你完全信赖的老员工相比，新手们会自发要求更加严格和频繁的控制。

你应该考虑以下没有攻击性的控制：

你的下属提供阶段性工作汇报，概述他们完成了哪些工作以及正在着手哪些项目。

如果有人出差了，要求差旅报告。

与信任与否无关的阶段性的评估讨论。

定期的员工会议，看看整个团队近期做了什么。

工作进展报告，参照计划评估你/你的下属走到哪儿了。

观察你员工的工作成效也能起到控制作用。

就像你觉得你的老板控制你的工作是理所应当的，即便他了解你也信任你，（如果他不这么做，你甚至会把它看做没有兴趣），所以你也应该在和下属的工作中实施控制。

6. 只工作不放松……

……让杰克变呆板。不要照字面意思把它用在办公室，但你应该努力不让自己看上去是一个无趣的人。然而大量的笑话——尤其是下流的笑话绝不适当，应该培养幽默感。笑对精神和肺有好处。避免取笑他人，除非你也希望别人这么对你。所有讲笑话的人都明白：时间是一切。所以，发表——至少你认为有趣——的评论之前，注意场合和你所处的环境。

通过户外运动平衡紧张的工作作息会帮你保持镇定、提高工作效率。不管是业余爱好还是你感兴趣的有规律的体育运动，满怀激情地去培养这些兴趣，它们会让你忘掉工作、放松心情并且暂时忘记烦恼，也为你节省时间，让你的灵感随之迸发。

7. 做，就做好

我们喜欢做一些事情胜过其他事情是很正常的。大概没人喜欢他/她工作的每一方面，而且大部分人肯定讨厌一些事情。但是，它们仍然需要完成。正因为我们讨厌这些事情，才会集中精力像我们喜欢做的那样去做好它。对你讨厌的工作投入和其他活动一样的努力和关注，因为即便你不这样，它们自然不会就这样跑了，而且，你的勉强和可能的敷衍也会表现出来，并产生负面影响。你当然期待你下属有高质量的工作，不管他们多喜欢这工作，所以，你必须做好榜样。

抱怨你讨厌但必须要做的事情也没用。如果这样，你面临的听者也无法坚持干下去，而且时间也会浪费在相互同情中。接受它，迅速做好，然后继续做你真正喜欢的事。

回顾本章介绍的内容，如果你对做什么、怎样做或怎样表现有疑问，体会那些通过实践和证明的哲理和格言，你肯定会得到答案。

第九章

考虑的要点

虽然以下有几个题目在本书其他章节已经涉及，但是它们对你成功做经理十分重要，值得我们进行更为深入和细致的探讨，因为，在许多方面，你怎样处理它们是个方式问题。

A. 管理风格

管理行为以及对它的修正在第六章已经全面讨论过了，行为决定方式，而描述行为的目的是为了找到一个出发点调节行为。基于你所学到的，毫无疑问你现在有很大进步，正逐步减少自身不受欢迎的行为了。

然而还未充分强调的是另外两个方面：

你下属的行为

你直接上司的行为和方式

后者我们会在接下来的部分“管理你的老板”中进行回顾。

你下属的行为，以及在适当之处对它们进行纠正和修改，取决于你自身的管理方式。这是你的一项非常重要的职责。因为评判你们部门的表现，不仅看你，还要看你部门员工的表现。对于任何向你汇报的人，如果他的举止被发现不被接受，也会对你产生负面影响。你的老板会把你们部门的行为缺失——会责备你——归咎于你的责任。

所以在你和下属的工作过程中，理应确保他们的言行无不当之处。就像你在努力调节你自己的行为一样，你必须和你的下属共同努力把自己的行为提高到已设定的水平。经过同样的程序：遵照 DiSC 评测系统，一起分析他们怎样看待自己以及你——或者其他人——是怎样看待他们的。

这必须用巧妙的方式进行，避免可能的冒犯和尴尬。记住我们在“行为回顾”（第五章，D 部分）中谈到的：在矫正行为的过程中不要伤面子。记住：人们对他们的行为是敏感的，因为他们害怕你会从他们的行为中判断他们的价值，他们会无可挽回地被认为个性是这样或那样：非黑即白——个性健全。确定让他们理解：你没有对他们进行价值判断，只是希望帮他们纠正不当的行为方式。你没有试图改变他们的个性，你没有贬低他们的行为，你只是和他们共同努力将他们提高到公司认可的水平。

你处理这敏感问题的成熟与专业程度就是你自身的管理方式问题，你会逐步完善它，特别是在积年累月努力完善自己行为的过程中。不管是哪种方式，考虑对你最适用的。

市面上关于成功管理的书籍层出不穷，都是关于怎样将工作效率最大化的。只要你感兴趣又有时间，就尽量多地阅读，因为你不能停止学习，而且学习适用于别人的方法总是很有趣的。前面已经说过：你也不能走到另一个极端极力效仿你所读过的每一本书。根据书上的相同职位今天力争"一分钟经理"，明天实施"管理目标当经理"，这只能让你的下属迷惑不解。不管你决定通过改变你的行为和方式做什么改变，要记住渐进地改才行。

B. 管理你的老板

这个标题看上去另有寓意，因为毕竟，是老板管你，而不是其他。然而，这两种说法相互并不排斥，其中一个对你很重要，另一个对你老板很重要。

为了更好地理解它，想想你作为总监管理着一群不同的人。从理论上讲，因为他们各不相同，所以你要根据他们不同的个性、性格和行为方式用适合他们的方法管理。有的人可能更容易接受直截了当的方式；有的人则喜欢"不干预"的领导方式。有的人，如果你不经常地询问他的家庭、喜好、兴趣等，他就会感到被忽视；而有的人，则把这些问题当成干扰，觉得这不关你的事。有的人喜欢相互协作；有的人则喜欢一个人用自己的方法做事。

这些不同并不是我们的主观假设，而是客观存在；并且不止一个管理行家会告诉你：要严格区分这些不同，必须基于他们不同的个性和最易接受的方式管理你的下属。

这在理论上很好理解，但在我们工作的实际过程中，你却不大可能做到。首先，你有你自己的管理方式，对一个下属是一种经理，对另一个又可能是另一种经理。其次，在每一天的管理工作中，你可能没有时间总去揣摩他们。如果还不是这样，那么肯定有一天，你期望你的下属适应你，而不是你去适应他们五个或更多的人。第三，如果不用同样的方法管理你所有的下属，这看来被认为是不公平的。

你自己的老板也面临同样的处境。你期望你的老板根据你们存在的不同个性用不同的方式对你们进行管理是不现实的。他只会基于他自己的方式管理你们，你们不得不去适应他，而不是让他适应你们。

要考虑到几乎没有人一生只跟着一个老板。就像人各不相同，老板也各不相同，在管理方式、个性、性格、感召力、确定优先的习惯、耐心程度、领袖气质、可接近性、交流能力、对迎合的敏感度、进取心等方面都不相同。绝大多数的老板都不可能对直接向他汇报的人采取不同的管理方式——这方面和你差不多。他们不会为你而改变，如同你不可能为你的下属改变一样。你的老板总期望你能够适应他的领导方式。

所以，就算为了自己你也要学会“管理”他，意思是，你要学着去理解他，知道如何按他的意思行事。和其他人谈谈你们共同的老板去找寻那些你应该避免的事情——像在早上第一时间和他会面，或是晚上最后一刻——或者为达到最好的效果，他喜欢怎样的碰面：

- 他喜欢正式还是非正式的报告？

- 你可以随时进入他的办公室，还是需要提前预约？

- 他更倾向于找你，还是你去找他？

- 他喜欢你凡事征求他的意见，还是只告诉他你在做什么或者准备做什么？

- 他喜欢你独立的工作，凡事自己决定，还是希望参与到你工作的每一步？

- 你能够扭转他的决定吗？还是他一贯喜欢自己做决定？

你能够越快得到类似这些问题的答案，你就能够越快地走上“管理”他的位子为自己谋福利。但是不管怎样都要记住：在任何情况下不要让他察觉你在“管理”他。

顺着这个方向走，你在职业生涯中可能往往要面对：无法成功地管理你的老板，你可能想放弃，寻找更适合你的天地。克制住这种想法，即便你多么地不喜欢他或和他相处地多么不愉快，因为老板的原因离开一个公司是没有远见的。谁知道他能当多长时间的老板？如果你换了公司，你怎么知道你会给那个雇你的人干多长时间，他的继任者又会是怎样的？不，还是耐心点儿！

C. 交流

在整个公司，有效的交流是使机器正常运转的润滑剂。无需再强调它的重要性了。它流向每个方向——向上、向下、向旁边。这是一项持续不断的管理挑战，只有努力拼搏才能调节一方过多的信息与另一方对情况一无所知的平衡。这两方面具有同等的破坏性。让人准确地知道你想知道的很难，同样困难的是解释哪些是你根本不想知道的。但事实是：“不知道”——本来可以知道——不是理由。想想有多少经理被炒了——被合法地查处了——因为据他们所述，他们不知道利润和销售情况被造假、洗钱和行贿等等。极端的例子，我们承认。但是，如果这些经理们真的不知道发生了什么，不应该。在组织机构中，人们要么不能进行适当的交流，要么经理不听，要么缺乏必要的控制：又一种交流缺失的形式，也是管理失误。

如果有所疑问，那么交流过多肯定比缺乏交流强。一些交流的方面我们已经在第四章 A-8“交流”中阐述过了，这里，我们想看一下其他影响交流的因素。

1. 书面交流

在当今 e-mail 和信息横行于世的时代，一些基本原则很容易被遗忘。一个能被有效接受的书面交流必须是：

- 容易理解
- 避免冗长
- 无打印错误
- 语法和用词正确
- 符合逻辑，布局合理

没有比冗长、拐弯抹角、难懂的句子以及语法、标点、拼写和句子结构出错让读者对一份备忘录、e-mail 或者报告感到更加厌烦的了。

Harry Summers，哈佛大学的校长，最近被《时代》周刊引用了这样的话：“写作技能的培养是教育的重心。”（或许还应该加上：是有效交流的重心）他观点的精彩之处在于肯定了这样一个事实：写作能力欠佳反映了不良的教育——因为一个人都不能够用书面文字正确地表达自己——是不被看好的。他的形象，甚至他升职的机会都会遭到破坏。在一个组织机构，你越往上走，就越要求你有好的写作技能。你不一定必须是英语专业，任何人都可以学会正确地写作，就算可能写得不好。如果你对书面表达自己的想法有问题，就考虑参加相应的课程。许多院校都开有商务写作/信函的专门课程。

如果你不可能这样，就在发信前在你们团队找一个人审读你的信。简单的电脑校对是不够的，因为太多错误无法检查出来，包括落掉的字。永远不要在你还没有进行再次阅读前将信件发送出去，并且当你确实读了两遍三遍后，试着把自己放到收信人的位置，设想他会怎样阅读并理解。他理解你要表达的意思吗？

有一个故事很具有说明性，这是关于 Henry Kissinger 任美国国务卿时发生的。据报道，只要他收到下属们递上来的备忘录或文章，总会在空白处用铅笔注明："你真的尽全力了吗？"再打回原处。当然可以肯定的是，它们再次递上来的条子就会好很多。这可能略有夸张，但还是有可取之处的。

2. 电子邮件

电子邮件已经成为我们生活中的一部分，不管是在商务还是私人方面，所以每天都会收到太多的电子邮件。你在商业圈里认识什么人不

抱怨每天处理不完的电子邮件吗？不大可能。解决这个问题的方法显而易见，但是大家未必总能做到。不要：

给那些离你几步之遥的人发电子邮件，而是直接找他们谈话。

抄送同一封电子邮件给过多不相干的人。

回信时机械地点击“全部回复”键。

四处散播传言并转发笑话。

回复那些实际并不需要给出答复的信件。

如果每个人都能遵循以上这些简单的原则，每天收到的信件量会减少25%或更多。

但凡是某某发的、过长的或者有关于你不感兴趣的主题，尽管你还没有看却会有强烈的想法去删除它们以保持平衡，要避免这种想法。如果对方觉得你没有必要了解他写的内容，你就不会收到。只有你能决定是否读它，况且，如此简单的忽略也为日后可能的意外埋下伏笔。哪怕大致看一下也可以，或许可以很快判断大量的附件已超出了你想知道的。但是为了对自己负责，你至少应该打开看看有没有什么重要的东西，你是否需要答复或行动。如果是，就尽快！

写或回复电子邮件的时候要记住：这和我们过去写的备忘录或者信件没有区别。比方说，那些好的书面交流必须遵循的原则。这些原则也适用于存档/归档电子邮件，删除那些今后用不上的。不能保证电子邮件的绝密性，不管你们公司对所有信件往来例行的监控，或者遭遇黑客侵袭，再者意外的传送错误。记住：除收件人外，别人也可能看到你的电子邮件。所以，不要把你不会写在白纸黑字的东西写在电子邮件上，以防止令你尴尬或无意泄露公司机密。

3. 陈词滥调

在交谈和会议中，如果你只是为显示与时代同步，常用口头禅或流行术语是完全可以接受的。但是把这些言辞放在你的书面交流里，不管是备忘录、电子邮件、报告、计划还是提议，都会分散读者的注意力，反映你缺乏正规的商务表达能力。最令人厌恶并被误用的是陈词滥调，除了之前提到的，英国最近有一篇文章公布如下：

Absolutely

Address the issue

Awesome

Basis (“on a weekly basis,” instead of just “weekly”)

Bear with me

Between a rock and a hard place

Crack troops

Damned if we do and damned if we don’t

Glass half full (or half empty)

I hear what you are saying

It's not rocket science

Let's run it up the flagpole and see who salutes

Like (as a form of punctuation)

Literally

Move the goal posts

Ongoing

Prioritize

Pushing the envelope

Shift in paradigm

The fact of the matter is

Touch base

With all due respect

向你的写作技能、用词和表达发出挑战！把这陈词滥调从你的书面表达中剔除出去，努力争当词语的原创者。

D. 对服务的承诺

这看上去太平常了，每个人都在谈论它。你能想象哪家公司不在它的言论、广告和刊物中强调它吗？然而，又有多少次你打电话给这些自称服务至上的公司，不得不通过重重的语音提示选择按键，被延迟，直到对无法联系上一个能够并愿意帮助的人而彻底失望。我们对此无能为力。随着这种失落感与日俱增，我们不得不对宣传口号的真诚度表示怀疑。

你可能以为只有负责客户服务、销售及建立电话系统的人才能改变这种情况，但是你错了。不管通过哪种方式，我们都得与客户打交道，只是客户有所不同。有的客户买我们的产品或服务可能为了卖给第三方，像批发商；有的客户为自己消费；再有的就是为公司其他员工和部门服务。任何人只要是从我们这儿有所得，不管什么，都是我们的客户，都应该享有我们能提供的最好服务。"最好"这里指的是做到：彬彬有礼、积极回应、主动、迅速、真诚和值得信赖。

以这些为基础，并时刻想到自己作为顾客时的沮丧，注意以下几点：

- 确定你的客户(可能有几类)
- 确定并设想客户的需求
- 把注意力集中在问题的解决上(你客户的问题，不是你自己的)
- 想想并确定提供优质服务的好处
- 评估可能创收的客户服务(例如：对销售商品的保证)
- 为应对那些难缠的客户制定计划
- 懂得怎样处理投诉
- 坚持遵守你的诺言

基于你们行业客户的需求和对客户的确定列出提纲，确定除你以外你们团队的其他成员也明白根据现成的提纲和上面几点如何与客户打交道。你们公司可能有培训部为销售代表和/或客服人员提供课程。如果有，联系负责培训的老师，看看他能否给你部门提供培训。致力于对优质的专业服务的承诺，坚持实施它，必然会赢得客户忠诚和高度认可，以及最后的成功——为你、为你的部门、为你的公司！

E. 让说法走路

如果不是因为这是一本畅销并得到美誉书的书名(*Walk The Talk*，作者：Eric Harvey and Alexander Lucia)，你大概会当它是流行语，谁让这个概念这么深入人心呢？这刚好用到我们讨论的有关服务承诺的问题上。如果公司给客户的只是他无法很快找到那帮手的失望，那么它对自己致力于服务的一再宣扬就只不过是"空谈口号"。但是，如果一个公司不仅仅在"说"，还在事实上"让说法走路"，那么就可以肯定你作为客户的期望会实现。这最简单的形式，"让说法走路"意味着你不仅说要做什么、改变什么，还要付诸行动。这是对计划的实施，是在靠事实在说话。不要只喊叫自己该做什么、该怎样做、公司承诺什么，而是把这些话都变为严格监督实施和履行的行动计划。

就像作者们指出的："我们主要靠我们的想法来判断自己，但是别人却靠我们的行动来判断我们"，"把话说对只是简单的部分"，他们接着说："让语言行走吧！做正确的事情才是艰巨的挑战！"

我极力推荐大家阅读这本书，它通俗易懂，短小精悍，却意义深远。

F. 财务上的聪明机智

除非你在金融机构工作或有经济学位，否则你可能不知道自己是否要具备财务的基本常识。这么想又错了，这是目光短浅的表现。不管你在哪儿工作，工作职责是什么或者从事哪个行业，都不可避免要接触数字，不管你是否会涉及预算过程、费用控制、索赔、存货或生产运作，计划、销售或市场，或任何其他方面，懂得会计原理都会让你成为一名更加出色的经理。但是你要确定自己个人的理财和投资是否站得住脚，也需要理解财务基本知识和语言。许多学院和协会都提供"财务——为非财务人员"的短期课程，报名参加一个，哪怕要自己掏学费，从长远看这投资值得。

当然，如果合适你也可以读一学期社区学院的夜校，或在附近图书馆查阅相关书籍。

G. 材料管理

这又是一个涉及我们所有人的商业领域，尽管我们可能还没意识到这个事实。供货链通常很长，不仅有货物流入，像包装原材料，还有货物流出，像商品和服务。根据你公司的特点、大小和规模，会有成千上万的原件流入，并有成百上千的产品流出。这可能涉及若干部门，每个部门都要投入自己的专业力量（产品分类、原材料检测、质量控制、供货商资格、包装设计、制造业等等）。

整个过程中存货管理是关键。无论如何你都不想断货的局面出现，当

然你也不想负担过度的投资。问题是储藏寿命，仓库空间和人们的需求也要考虑，再加上存货在账上的实际花费。

总体说来，销售和市场部希望有足够的存货，以保证任何商品不会断货，哪怕需求量再大。另一方面，财务人员总是想最大限度减少存货以降低费用。双方必须基于可靠和精确的数据为达成妥协。

生产运作的主要职责是确保供应链的各个环节各就其位。即使你在这条链上，问题一旦出现，整个公司都会感受到。断货令客户感到愤怒，会给销售造成负面的压力，而过量的存货会对创收造成压力，从而使其他方面出台降低费用的计划。不管影响到销售还是利润/费用降低，你都会感受到。

由于这个原因，你要让自己熟悉生产运作如何在公司进行，你和你的团队如何适应整个供应链，花时间向这方面业务的负责人多多请教！

H. 要避免的错误

我们承认这个事实——新官上任，犯错在所难免，我们之前提到过。然而，意识到它的必然性并不意味着你有了犯错的资格，或不必尽你所能去避免它，特别是那些明显的初级错误。有许多我们已经在这本书直接或间接谈到，但是便于参考，我们概括如下：

- 凡事想当然并立即下定论

- 表现令人厌恶的举止

- 认定只有一种解决问题的方法或答案
- 不问问题，或总是问不对
- 不愿倾听
- 己所不欲，却“施于人”
- 不愿学习，与时代脱节
- 忽视他人的经验/知识/建议
- 缺乏圆滑与包容性
- 数落他人
- 说别人坏话
- 缺乏忠诚
- 不讲道德的行为举止
- 炫耀自己
- 缺少必要的控制
- 不能保守秘密
- 散播谣言
- 不做“家庭作业”
- 缺少回应性

- 不承认自己的错误
- 懒惰/浪费时间——自己的和他人的
- 滥用职权和自由度
- 不按照说好的做
- 错误的(例如：消极的)态度
- 不去交流——向上、向下或向旁边

把这些列成单子放在手边，再添加其他一些你容易犯错或已经觉察的错误，确保今后不再犯错！

第十章

领导：不仅仅是管理

本章的目的不是试图把你变成领导，而是希望你对关于领导力的各个方面有所了解，知道领导和经理的区别是什么，也许你可以在心里测定一下，看看自己是否具备领导潜力。

A. 介绍

本书围绕针对经理需要学习或了解什么进行阐述。当然，首先是管人的经理。可以肯定地说，如果你完全按照这里所写的去做，并且肯花时间去积累必要的经验，那么肯定是有必要的，也一定能够成功地管理好一个团队。所有这里讨论并描述的都是可以学到的，只要有充足的时间。

你已经成功地被任命为经理，别小看这个头衔，但也不要因此自以为是。不要以为你有了长期拥有光彩职业的保障，实行上这保障并不存

在，但是你完全可以继续努力提高当领导的几率。为了实现它，就要研究这边沿的领域——领导力。不管怎样先对照自己来看一下。

对我们来说幸运的是：很多人压根儿不想当经理，他们觉得要负担责任，承受压力、忧虑、超负荷的工作和给家庭增添税收，所以极力避免。毫无疑问，他们喜欢得到这份荣誉，但是他们不愿为此付出。对适合的人来说，这是个不错的选择。

此外，为了遥不可及的经理职位而疲于奔命的是那些没有能力的人，这里并不是对他们进行价值判断，只是他们不具备这方面的才能、干劲或学习管理的意愿。这其实并没有错，不过这世界不能只有经理。

即便那些最终成为经理的人，也并非都是真正优秀、卓越和成功。只有少数甚至更少的人具备这种组织顶层所需的领导力和技巧。

当然，还有更多的界定：有的经理对幕僚职能很在行，但是却不能把理想的结果带到生产线，恰好就像一个优秀的生产经理因为把精力不断消耗在管理员工而不能达到最终的工作目标一样。

你——现在和今后——属于以上哪种？

有些我们已经确定：你不属于那些压根儿不想当经理的人，公司相信你的潜力和能力，因此把你放到管理层，你已经开始管人而不是“东西”，就像只有一条生产线，而不是幕僚职能。

那么，对于你这个经理还有什么不知道的呢？那就是你能够成为一名优秀的经理吗？你能否成为一名领导？后者才能最终确保你长久的成功，才能决定你往上能爬多高？领导，更胜于管理，可以用它区分特别成功的公司和不大成功的公司。你越往上走，就越要注重自己的领导力。甚至到某一点：一名出色的领导可能只是一名普通的经理。一名领导能够把优秀的经理集中起来助他成功，相反，一名优秀的经理若欠缺领导力，就是花再长的时间也不可能走向成功的顶峰。

B. 领导与管理

翻一下字典就能轻松地区分这两个词。领导是“那些被人们追随的人，是那些通过示范给别人或告诉别人如何做的引导人”。

管理是“负责某项事务……负责它的顺利运行及所有的雇员……”(Encarta World English Dictionary , 1999.)

看一下领导和管理所侧重的不同方面：

领导：“引导或影响人的能力。”

管理：“组织或控制商务事件或商务的某个部分。”(Encarta)

更全面和明确的定义出自 James C. Hunter《全球最有效的领导原则：如何成为一个仆人式的领导》：“具有感染他人朝着一致共识的美好

目标全力以赴的技能，并具有激发他人斗志的性格。”

这些定义都在强调：仅仅管理好是不够的，必须加强领导力。

这些定义的缺点是：虽然给出了领导的定义，却没有更深入地讨论如何使人成为领导。领导、领导力并不是个头衔或职位，而是一种天赋加所需的技能和经验。就像 Hunter 继续谈到的：“管理是关于我们做的事情：计划、预算、组织、解决问题、保持控制、维持秩序、发展策略和其他类似的事。管理是我们做什么，而领导是引导我们去哪里。”

C. 领导品质

“……的能力”字典上这么说领导力，这个词——不如说它是一种技能——绝对不存在巧合，能够成为领导完全是一种能力，这不是可以简单地学或教会的东西，你身体里必须有这样的基因，一种先天的能力，才能把它发展成领导力。就像你不可能教一个音盲学会记谱或出色地演奏一门乐器，再者除非你天生有好的基因（或者用其他什么词来说这种独特的天赋）否则不可能成为一名杰出的运动员。如果你先天不具备一定的个性和天赋，就不可能成为一名卓越的领导。

这并不是说你就不需要学习或无法提高和磨砺你的领导能力，再用一个有关运动的说法：最有天赋的运动员也需要坚持不懈地训练和练习以激发他最大的潜能。领导也一样，首先要有最基本的条件，然后必须正确建立所需要技能的结构。当然，如果一个人没有当领导所需要的最根本的先天能力，花再多心血也不可能把他变成一名出色的领导。

意识并确定你是否具备这种天赋再加以培养并不容易，没有一种简单的测试能够确实证明你是否拥有这必要的基因，但是孩提时代的一些征兆已经能说明问题。在任何一组玩耍的孩子里面，通常有一个孩子会决定玩什么、怎么玩、谁属于哪一队（如果要选择队），这无疑是早期领导力的表现。

后来的生活——在学校、培训班或者部队——任何场景都会把人推向前担当领导。

仔细回顾你小时候有没有表现领导力的信号？如果你不记得或不确定，就问问别人：你的父母和你一起长大的朋友、或和你一起上学的同学、或你以前的老师和你一起服役的战友、你从前的培训师、你的老板或从前的老板。通过这些人你能得到有关你的信息和对你的认识，以此来评估自己的领导潜力。

虽然领导力信号在早期会有所体现，但是没有体现也不一定意味着你没有天赋，因为有很多杰出的领袖就是在紧要关头而显现出来的。战争环境会立刻印入我们的脑海，这是一个领导力突发的例子。在战斗中，难以预料的大量伤亡导致无人负责局面的出现，这时，会有一个人自告奋勇走上前领导队伍。为什么是这个人而不是别人？为什么队伍愿意跟随这自行任命的领导，而且没有任何人提出反对，也没有任何人事先给这个人领导权。为什么没人对他行使领导权质疑？这可能有违反常规的一面，但是他们本能地更相信他，相信他的能力，意识到他具有领导力并接受它，宁可冒生命危险追随他。这个人不是选做领导的，这是他内在的东西，是他生下来就有的。高度戏剧化、不平凡的境遇把他天生的领导能力激发出来了。

商业世界的突发事件（拳头产品的紧急召回、一件丑闻、最高管理层的丧生，就像 McDonald's 几年前发生的坠机事件）都会促使未被发现

的领导的崛起。还好，这些情况并不多见，而渐进式的升职还是占多数。

不管一个人天赋的领导力有多么明显，仔细观察他们，你会发现他们有一些共同点与这显赫的职位匹配——不能够恰如其分教会的个性。它们是：

1. 感召力

如果我们足够用心去观察，很容易会意识到感召力是什么，虽然定义它可能有难度。它是一个人性格中的一部分，想想那些你在新闻中见过或听到的人：John F. Kennedy，Martin Luther King，Billy Graham，还有一些超级影星，这些都是正面的例子。紧随其后的反面例子是那些引发暴乱的不法武装分子和独裁者，通常这归功于他们的雄辩技能。

那么什么是感召力？感召力是一种富有磁性的性格，是一种能够鼓舞士气的能力，它甚至能够通过个人的魅力和影响力感染他人。字典里有深刻的解释："这是上天赋予的力量。"

或许你运气不错，为具有感召力的老板打工，或者是其他人——在公司、教堂或者运动队——都能够激发你的干劲，能够让你身上迸发激情干得更好。这个人几乎可以让你盲目地跟随他，他赢得你的倾慕，赢得你为工作无怨无悔的付出，他能够激发你最好的一面，他是你心目中的英雄。这个人——才是领导——具有感召力的领导。

不用说领导具有感召力的程度肯定是不同的。比方说通过语言激励他人的能力就可以提高和练就，但是，当这种有效的公开演讲变为固定的培训主题时，演说的感召元素——真正激励他人的——一开始就已经具备了。你或许可以提高潜在的号召力，但你却不能创造它，因为它是你天生性格中固有的一部分。试想一个真正内向的人，能够想象他成为一位具有感召力的领导吗？好像不大可能。同样，你几乎不可能把一个天生内向的人变成外向的人，你不可能把这种号召力赋予一个“平淡”的人。在培养这种潜力之前，必须具备这样本质的东西。

2. 远见

领导和经理还有什么不同？一个领导有眼光、高瞻远瞩。他确切地清楚他想去哪儿，他希望他的生意向哪儿发展，他从不会丧失这眼光，也知道怎样说出他的远景。

当这远见和生意联系起来很难说了，因为远见不仅仅是简单的目标：像一定的市场份额，提高市场份额的收益，或达到每元销售金额的水平，或每天/周/月/年发布一项新产品。这不是领导闭上眼可以看见的未来。在他的脑海，未来就像遥远的平线上的一点，他永远不能丧失这眼光。通过实施他的领导力，他确定他所领导的组织会随所需的方向前进，他知道如何才能实现这未来的远景。

他必须能够清晰地表达他的远景以制定和执行相应的长期策略，他要感染他的团队坚信他的远景，让他们信服这是可行的。如果只有远景，但不能实现无异于没有。

在未来市场的变化没在数据上有所体现之前领导就要有先见之明。他乐于预测未来世界——因为这会影响到他的事业——发展，他必须在公司做一些变化以迎接预期却未知的挑战。

成功的企业大概是远景实现的最佳例子。通常情况下一个人只要有眼光有点子就可以创业。他是领导，他有明确的重点，并且坚持不懈

克服阻碍远景实现的重重困难与障碍。他的性格、他的感召力、他与生俱来的领导力让他迈向成功。只有他刚起步的生意发展到一定阶段，才迫切需要专业、有经验的管理。成功的企业家几乎无一例外地是杰出的领导，但是不一定意味着他们可以同样当好经理。这就是为什么我们既需要经理又需要领导的原因，他们需要互补：领导有感召力和远见，经理具备相关背景、知识、经验并且经过专业培训，能够把远景转化为实际有效的行动。

至于说为什么有的人有远见而(大多数)其他的人没有，我们只能因此推断这是一种天赋。如果你拥有它，那是值得庆幸的，因为它让你与众不同。

3. 认识/发现人才

这里说的是确定别人的才能，我们在第三章已经涉及相关内容：招到合适人选的过程是不易的，很长时间——可能若干年——过去以后才能确定当初的选择是正确的，你找对了人，然而，这结论倾向于针对：员工符合当时以及后来工作提出的要求。未来是没有保障的，除非他同样能够完成将来更多的艰巨任务。

通过适当的培训和经验的积累，你会发现你一次性选对人的几率不断提高。然而对于两个具有相似智力水平、教育、背景、经验和经过同样培训的经理，更有可能的往往是：其中一个在招人并且长期留人的成功率比另一个高得多。如果有些经理认为招人的成功率达到50% ~60%就已经不错了，那么有人还能够达到80%或更高。虽然他们经历同样的招聘和面试过程。

为什么？因为有些人对发现人才和潜力有特别的天赋，这种业绩记录不能通过经验或运气去解释。有些人比其他人幸运，好运没什么坏处，但这“运气”因素在选人方面无法体现。你会把它看做一种本能，也有人会用“胆识”形容它，但是才能或天赋对它是最合适的描述。

一个领导具有认识人才的独特能力并能将这些人围绕在他身边。例如：验证美国总统好坏与否的标准之一就是看他是否能够从众多他仰仗的官员中选拔出最优秀最聪明的人担任要职：像国务卿、顾问、行政部门的长官、国安会成员等等。如果一个领导不能看出谁最有才能，他将难以成功，因为只有他的优秀团队才能实现他的远景，他能够从表面现象看本质发现杰出人才，那种可以到达别人所不能及的潜质。在多数情况下他是一位新一代的领导。

D.　品质

如果领导能力和领导必须具备的特性区别不明显，那么就很难说哪个会在哪儿结束哪个又会从哪里开始，但是不管这界限多么模糊，毋庸置疑的是一个具有天赋的领导必须具备确保他成功的独特特性。至于是否能通过努力学会这些特性我们暂且不讨论。如果本身具备这个条件，当然可以提高和加强它。但是就你自身进行判断，你是否相信可以将以下特性传授给那些有足够兴趣和智商的人？

1.　想像力

你多久会听人说：“如果……你能想想什么事情发生吗？”并且——假设问题提出的时候并不是你一个人——多少人会对提出的情况有不同的想象？很难相信每个人都不认为不同的人具有不同的想像力。有的人几乎不这样想，而其他人的想像力却无穷而生动。举例说明：

一个画家在他的画布画第一笔之前已经能够想象出整幅画画完是什么样子。

一个雕刻家看着一块花岗岩就能想象他最后一刀下去雕塑完成的模样——他受到激发透过这块石头看到的是形态，而其他的人只能看到石头表面的裂纹。

一个作家在动笔之前就能够想象文章成文后的样子。

一个作曲家还未谱出一个音符前就已经听到乐队在演奏他的交响乐。

这些人都有无止境的或是让人羡慕的想像力。

就像画家为了成功且不停滞必须有生动的想像力，一个优秀高效的领导也是如此，在他的想象中，他已经在领导“几个亿”的公司，而不是现在运作的小公司、分公司或是营业单位。他们能够想象为把想象的未来变为现实今天和明天必须做什么。

他们可以想象他们组织的某个人如果赋予他们会有怎样的发展，让新上市的产品引起反响需要怎样的最佳陈列，怎样从其他公司得益以弥补现在的生意，并在这种情况下为实现成本节约需要在哪儿调节花费。

有想象并不排除作全面深入的分析和对不同情况进行考虑的必要性。但是领导没有想像力，就永远不可能到达分析这一步，所以在写计划前必须要有基本的想法，也就是领导具有想像力。

就像村上龙在他的小说《味增汤里》(*In the Miso Soup*)谈到：“只有想像力能把我们的概念、预测、交流和确认变成可能。我们在问题出现之前想象它们，可以避免其变为现实。”

2. 问题诊断

这听起来没什么：有人碰到难题找你，你问问题后进行了讨论，你帮助那人找到一个可能的解决方案，也可能是几个潜在的解决方案。你对一系列后续行动表示赞成，但是后来——你感到惊讶——你发现一周或一个月以后问题根本没有得到解决。发生了什么？真正的问题从来没有被发现，你看到的只是一个面具，而不是面具后面的面孔。你没有问对问题，或者你没有捕捉隐含在答案的细枝末节，或许你没有对所谓的事实真相进行复查。当然，实际情况可能更复杂，也可能更简单，或者完全不同于你所确信的那样。

所有这些都是正常的，并时有发生。你可以学习并记住——问问题，但比这难得多的是学习——或许不可能——问对问题，直击要害的问题。然而一个好的领导天然具备这种能力，可以迅速抓到问题的根。他确切地知道他该问什么、怎样问以及怎样确定问题里面的原因，只有这样才能解决问题。

可能人员问题是个好例子，你可能面对一个表现不佳的下属，你试图用各种方法把他提高到你期望的水平，但是未果。最后你勉强得出结论：他无可救药。看起来解决问题的唯一方法是让他走人，然后你把情况告诉老板。他是一个好领导，他知道该问什么问题。你意识到的问题并非你员工能力所及或靠学习可以达到，而(在这个假设的案例里)你，因为：

- 你没有明确和他交流你期望他做什么。

- 你没找到他最好的激励措施。

- 你没有意识到他面临着人员危机/问题。

- 你安排给他的任务与他目前的技术水平不符。

哪个答案是正确的——或者是完全不同的一个——显然是理论性的，因为这不是真正的情况，问题关键在于：只有领导——你的老板——通过问正确的问题，才能发觉你未发觉的潜在问题。

一方面，一个经理可能会像他观察的那样很快确定问题，然后根据他的判断情况采取正确的方法。另一方面，一个领导能够探究实质问题——而非表面现象——是什么。他能够迅速在庞杂的信息中进行筛选，不为所惑也不分心，并且确定他要问什么问题才能找到真正问题所在。他确定在哪儿更正这问题，而不会“分析麻痹”。

3. 常识

经验证明有人具备常识，有人不具备常识。领导必须具备常识且要运用它。虽然听起来没什么，但是实用的判断往往来自经验，而非正规的学习或培训。然而不幸的是，看来并不是所有有经验的经理都懂得或记得运用常识，而有些人(未来的领导?)在他们职业初期就显示他们具备丰富的常识。没有规定你必须有××年的经验才能具备常识。运用普通的常识，原来可以那么容易做决定，可以做那么快。大多数人把事情——包括决定的过程——变得没有必要的复杂，因为他们欠缺一点儿眼光用常识发现明显而唯一的实用答案。

不管是处理人还是其他方面的问题，运用常识是个实用的方法，它不仅有利于生意发展，而且还有利于社会、法律和道德等方面。

运用常识不容易出错，尤其从长远看。但是难的是去记住用它，因为人们太容易陷在问题——真正这样或认为这样——复杂的一面，忘了运用常识，或犹豫不决。

如果你不具备或不用常识，就会威胁正确的判断，因为不具备常识，进行正确判断就会有困难。不是所有决定都基于事实和数据，人的因素不能排除在商业等形式之外，这是常识和正确判断的结合点，是所有领导必须显示的关键特性。

4. 应对变化

一方面，我们可以很舒适——虽然可能要承受乏味——如果我们的世界不是不停地变化，我们知道我们要企求什么，可以为生存和发展学习需要做的。另一个方面，变化代表机遇、新生意方法、新竞争对手、新法律规则、新产品和发现、新经理、新市场手段、战略革新甚至是遭遇所有必须用能力应对才能克服的灾难。

可以确定的是一个经理如果思想循规蹈矩，就不能适当应对变化，这至少在一段时间里是这样。然而高效的领导当然不会接受循规蹈矩和呆板。不仅不能禁锢思想，他还必须乐于迎接变化，让他的组织和员工迅速做出反应。必须能够预测并改变，必须让事业越过变化引起的障碍，他必须确定并利用变化可能代表的机会。

有人会指出——并且经常地——死板与灵活是年龄起的作用；年龄越大，就越难适时地应对变化。毫无疑问，可以肯定：大多数的领导在高龄问题出现前已经退休，所以在商业世界讨论年龄没有意义。而且，即便年龄使灵活性降低，它带来的更博大的智慧和经验也足以让人意识到应对和适应变化的必要性：一个领导，不管他的年龄如何，如果他不能应对变化，就不能继续成功地实施领导。一个领导若坚持："我们总这样做，我们会继续做下去，"他还没意识到自己已经不再进行领导，而是在下达指令了，而大多下达指令者的任职是短暂的。

5. 决定性

每个经理每天都要做决定，有些人天生比别人做决定难，他们对做最小的决定也感到痛苦，生怕做错了。他们拖延时间成立委员会、了解更多信息希望有更深入的认识，或希望别人帮他们做出决定，然而他们没意识到这种做法本身，在许多情况下，就是错误的决定，任何为他们工作过的人都深感其带来的苦恼。

总体来说，比起不做决定，人们对做错的决定会包容很多。不得不为一个决定等太久会令组织瘫痪，多数人会理解没有人总是对的，但不能理解为什么一个领导不愿做决定。一个领导免不了做决定，人们期望从他那儿得到决定。不能决定就得不到尊重，最终会动摇他的权力。一个领导要具备这种天然做决定的性格。

E. 创造力

有创造力的人很幸运地和其他人有所不同。艺术是最好的例证：如果没有天然具备的基础，你就不可能成为伟大的音乐家、作家、画家、雕刻家等等。这同样适用于商业世界：你不可能教会或迫使一个人富有创造力和想法。

显然，创造力不是领导的专利。最底层的职员、工人、体力劳动者也可以具备这种天赋创造出方法增大生产产生、节约费用或提高效率。创造力对市场和科研也很重要，一个发明家是创造力的缩影。

记住：

不是每个人都有创造力。

创造力是一种天赋。

一个领导必须有创造力。

现在流行的“跳出盒子”的思维方式是对创造力的认可——或是证明，如同它本身——人们需要或需要被展示的创造力。不管它是否为解决问题、战略革新、升级产品、建设形象、买卖增长、成本节约、广告宣传、员工保留方案或其他让企业成功的方面，一个领导必须有创造力，必须建立一种能够培养并鼓励创造力的文化。

后者——建立和保持富有创造力的环境——特别重要，因为不管哪个公司并不是只有一个人有创意。所谓的“洗脑”会议好在：许多人在创造的过程中做出贡献，这种会议几乎没有不产生新想法和方法的。这会议的目的和氛围促使人们思考，往往一个想法会带动另一个想法，这个过程强化并激发出创造力。

另一方面，有些人独处的时候最具有创造力，它们的想法还可以延伸下去。大家知道，有些人总在他们喜欢和不受干扰的环境下产生最好的想法，就像：

洗澡时

看电视或读书时

慢跑/游泳/锻炼时

飞行或开车时

当他们睡觉时，或在深夜里

如果你发现自己容易在某些特定情况下突发好的想法，就采用这方法。

不管想法从哪儿来或怎么产生，必须要有创造性的领导力，很难想象一个缺乏创造力的领导会营造出富有创造力的氛围，要是完全理解和领会创造力的价值，领导自身必须富有创造力。

进一步讲，缺乏创造性思维，就不可能有足够的想像力规划远景，这三种才能——创造力、想像力和远景——是密不可分、相互依存的。

F. 技能

我们规定：一个领导必须具备其他任何优秀的经理具备的基本技能，然而一个经理却不一定擅长于领导——根据他的具体工作职责——在行的那些方面。

1. 人际交往能力

可以肯定：一个“人员”经理即便不擅长于人际交往，也可能把工作做到中上等水平。领导则不然，一个领导必须善于人际交往，他必须和别人密切联系、得到支持、赢得尊敬；他必须懂得怎样激励别人，必须——在雇员情况方面——能够感召他们追随他的领导。

没有扎实的人际交往能力是不可能做好领导的。不管来自车间或管理高层的员工、供货商、客户、政府或贸易部门、投资方、股票分析员、董事会、社区领导、贸易联盟或任何外界人士，一个渴望高效成功的领导必须和这些人打交道，得罪了他们中任何一个都会让他吃不消。领导职位越高，和人相处的能力就越重要。事实上可以这么说：一个不能够始终表现良好人际交往能力的人也甭想指望升官。

2. 战略思维

有很多关于这一主题的书籍出版，这并非巧合。关于这方面的培训课程和会议也不少，许多大公司有高级经理或有整个部门专门负责战略发展。

把领导的远景变为现实，就必须有完善的战略基础，战略把公司想做的那个“什么”表达出来。没有清晰和坚持贯彻的战略，就不会有相应连贯的市场，就不会有符合逻辑的产品或组织发展，就不会有测定进步与成功的尺码。战略是公司未来的路线图。

这所有一切都依赖于一个完整易懂的战略计划，很明显，一个领导必须时刻进行战略性思考，要日复一日地做好符合总体商业战略因素的

决定。如果他不能进行战略性思考，不仅不能起作用还会添乱。当他做决定对正反面进行评估的时候，首要问题必须是："这和我们的战略目标相符吗?"长期的——全球的，如果恰当——观点必须在战略条件下考虑。只有领导能够担此重任，如果一个领导不能进行战略思考，他就不能长期进行成功的领导。

3. 责任/负责

如果有一件事领导不能做，那就是逃避并拒绝承担责任。他不能指责别人，不能责备其他任何人。他是领导而且整体负责指定的范围，他有权力，他建立远景和基础战略，这是他一个人的责任；不管发生什么，都要落到他这儿。有好事，他脸上有光，当不好的事情发生时，他也得担起责任，不管他本人离问题的起因有多远。不管公司做什么、不做什么，或者不管发生了什么——好的、坏的，无关痛痒的——最终责任在他。一个人不能够担责任就不可能成为高效的领导，不可能得到大家应得的尊重，也不可能长久拥有领导身份。

4. 坚定的勇气

这和我们本章前面讨论的决定密切相关，一个领导懂得并承认：并非他所做的所有决定都正确或受欢迎，特别是事后。不可避免，每当他做出一个重大决定时，另一种想法就会接踵而来。有时候决定的正确性与谨慎性积年累月也看不明白。

为了冲出这迷雾，一个领导必须有坚信的勇气，对困难和不受欢迎的决定要充满自信，同时与此共生的意愿也很重要。

坚信的勇气不仅适用于做决定，也适用于领导确立远景、制定或通过基础战略和确立今后人选。

5. 谈判

谈判是日常商业活动的一部分，如果你想挣更多的钱（为你自己和你的部门），那么你就得寻求预算的通过、卖好东西、和你的下属确定优先、完成工作指标和目标、建立一个把不同愿望都考虑在内的时间安排、得到计划批准、或处理许多其他有待解决的问题，这时谈判应运而生。但是为了做好，不得不涉及或影响其他人。

虽然你可能没有注意到你处在谈判的过程中，但是毫无疑问，在你行使当前职责前，就已经定期谈判了。回顾那些特定的情景，作为过程的一部分，你不得不妥协。没有妥协的谈判是不存在的，因为你不可能得到你想得到的所有，通常来讲，得到些什么总比什么也得不到强。

虽然有些人天生比别人擅长于谈判，但是谈判的艺术和许多其它的东西一样，可以学习，至少，一些基础和理论可以学，而且，通过时间和经验的积累，你的谈判技巧也会随之提高。

然而，领导不仅要面对上述常规“互让”的情形，他的使命强烈召唤他对更复杂的情形进行谈判。就像：

- 劳动协议
- 并购
- 庭外处理
- 合同

- 特许权协议

- 专利侵犯

为公司争取最好条件处理类似这些深层次问题会对短期还是长期的操作结果都有直接和深远的影响。成功的领导必须具备超乎常人的谈判技能，他必须能够跳出从书本、课程、模拟谈判学到的知识，就像任何一组销售员，他们有相似的背景、教育经验并在同一时间参加同样有关销售技巧的课程，但是他们永远不会同样成功。领导和他们的谈判也一样，领导先天具有超越书本的谈判能力，这是决定他们最终领导命运的关键因素。

G. 总结

勾画远景需要想像力，实现远景需要创造力，考虑一个等边三角形：

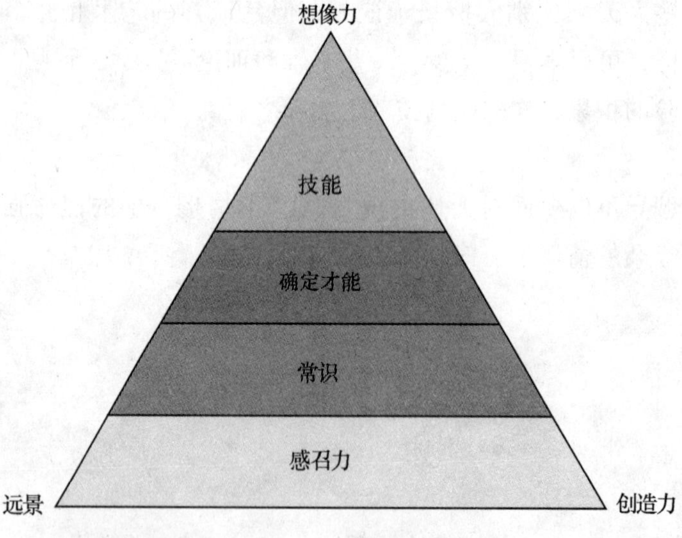

而且，三角形的三条边可以看做贯穿感召力、常识、确定才能和技能的基础。

这个领导力三角形使领导区别于普通经理。这七种元素有六种是与生俱来的，再加上目标培训、经验和对先天能力适当发展的建设。仅第七部分——必需的技能——是成功地长期领导要求具备的先决条件。

本章重点集中在这些独特的领导品质上，同样要指出：单独只具备一种是不够的。领导还要具备：

自信

幽默感

性格活跃

激情

激励能力

创新精神

韧性

当然，还有其他一些基础管理要求：

聪明

乐于学习

教授能力

诚实/正直/道德

商业敏锐洞察力

进取心

还要记住，如同任何其他人和事物一样，领导的处境也不是非黑即白。不是所有的领导都出色，准确地说，大多数人表现一般，虽然这些人也在奋力拼搏，自认为是了不起的领导，但是对我们大多数人来说他榜上无名。那些处在边缘的领导可能随着时间的推移而会落败。

你已经用自己的方式学完本章，其中你会自问："我是一个领导吗？我能当领导吗？"

回答这个问题的最佳人选是你，虽然自行评估是否具备感召力很难，但是没有人更了解你多么具有创造力，你多么富有想像力。不管你是否可以看到将来会拥有什么，你是否具有几分先天的领导才能？

这里没有讨论的是坚实领导力的另一面：诚实看待自己：你的优势、你的弱点、你的才能。仔细审视自己并回忆年轻时代、校园时光或服兵役期间，当然还有迄今为止你的工作经历，其中有没有什么有助于你看清自己是否具备领导潜力？记住，在通常情况下，对从商者最为典型的是：成为好的领导，必须经过常年的培训和经验积累。还包括我们提到的其他能力，并非所有领导会同样杰出。追求最好的同时，接受自己有一定局限是很难的。并非所有的领导都命中注定成为CEO。好的企业在整个组织机构中都急需那种具备强有力的领导。

第十一章

职业成功的关键因素

既然你已经学到了所有成功管理一个团队应该做的事情，那么是时候谈谈自己了：你该怎样做才能使自己最终获得令人满意而且终身受用的职业。

在讨论那些你应该注意的关键因素之前，应该指出：有一个极大的超出你所能控制的局面，那就是：运气。不是那种中了彩票令人难以置信的运气，而是和工作相关在适当时间和适当地点出现的运气。是那种伴随公司或产品超出你最高预想的成功带来的，令你行驶于风头浪尖的运气。像找到一个具有绝对权威的老板，他给予你照顾和指导，成为你的良师益友，以至于在关键时刻，你总是能够幸运地想出好主意并且有所创新。

然而有人提出是否人们能够自己创造运气。举个例子，去寻找一位良师益友。但是为提高你的幸运度你所能做的毕竟有限。有些人好像一生下来就比别人幸运，然而我们不要去嫉妒别人或者在你人生路上仅仅简单依靠运气，你应该把精力集中在你确实能做的事情上，如果大多数情况你都能正确做事，那么幸运必定会追随你。

你能够做很多的事情，它们并不都是那么难以捉摸，它们能够确保你有一份长久的事业。

1. 确认所有责任

不管你身处何职，当事情出现差错的时候不要总是责备他人。要说出“这不是我的错”这是多么容易啊！

不管你所在部门或团队出了什么错，要你承担责任又是多么难啊！

承认这个事实：就像你会因为好的事情发生而得到荣耀，当事情不可避免地出了错，你也会得到责备时一样。你担负的期望是管理你的职责范围，你要完全地担负得起。这责任意味着：当事情并非因你或超出你的控制出现差错时你也要承担责任。你可以去解释，但是你不能逃避责任。不要一味地找理由。想一个极端的例子：航空公司的CEO会因为一条航线发生坠机而引咎辞职，错在他吗？不。他要为这悲惨的丧生事件负责吗？是的。或者去想想那个为本国百十年前犯下残暴罪行道歉的国家元首。

通过承担责任，你会变得更加职业化、人性化，你会因此成熟起来，你会赢得尊重和支持，会因为你的正直举动赢得钦佩，而你也会享受正确做事的结果带来的好处。

2. 问问题

几乎没有什么像问问题那样带给你那么快的提高和一段时间以后那么

多的好处。大多数人都喜欢被问，这无形中承认他们懂得比你多或知你所不知，所以他会为此倍感欣慰。人们都喜欢通过展示更渊博的知识炫耀自己，他们喜欢教别人，因此我们要好好利用这一点。

鼓励人们解释，耐心倾听他们诉说，向他们学习。用开阔的思维考虑所有意见和建议不仅对你的老板和同级适用，也适用于为你工作的人，想找一个你从他身上什么也学不到的人还挺难。一旦学了新的东西，尽快找到可以用得着它的地方。

3. 挑战现状

老板总是对的(虽然承认许多老板都这么认为)这是童话。尽管小心谦恭的作风还占有优势，但是当你不赞成时不妨提出异议，只要保持一定的限度就可以。有太多人只知道对老板点头，然而几乎每个老板都会告诉你，他们恳求并赞赏诚实的反馈和不同意见，他们不希望身边围绕的尽是只知道说“是”的人。得出合理的推断：不随波逐流使你区别于其他人——积极地。

并非所有的政策、规定、说明、风俗等都合理、符合逻辑或有益于组织和生意发展，没有人比你——说起来——更了解你的工作。当你看见或被告知一些对你没道理的事时，不要因为是规定的或总这样做的就不敢提出异议。方法论如同报告，可以永远继续得到确立。它本身就是自我的反馈，政策会变陈旧，规定也要不断完善。

必须有人向腐朽的机构挑战，如果是你那是值得庆幸的。你不必总随大流，一个合适的反对意见——可能的话最好以开放的、不具攻击性

的问题表现出来——证明你在“思考”，并不害怕问问题（许多人都害怕），而且心存更大的兴趣。这些都是积极的个性，会让你具有良好的立场。

4. 从他人的错误中学习

通常被忽略的一个快速学习的资源是以别人的过错为借鉴。当人人谈论从自身错误吸取教训并不再犯错误的时候，几乎没有人提出别人的错对我们多么有价值。只是在把它们归类以供参考并提请不再犯的时候才能显示它们自身的价值，而不是总在抱怨。问题在于：我们可能会以我们的理解很快判断行为或事实存在的错误，但是我们没能够从积极的方面去学习。

例如，如果你刚好是家长，你会理解你本可以把你的孩子从痛苦的人生学习体验中拉回来，只要他们听你劝告并接受他们要做的就是你曾经犯过的同样的错。但是他们不听或不相信，他们要亲身体验并自己错一回，这样他们才相信他们要做的事实上是一个错误。

这同样适用于工作场景，我们没有足够的意愿从我们前辈犯的错误中吸取教训。然而，通过观察别人——你的老板、同事或下属犯的错，你可以避免犯同样的错。

通常看别人做错事比做对事容易得多，这与从别人犯的错误中吸取教训比从正确的事情得益容易一样。我们只要费点儿心思就会先观察、分析并得出什么地方出错了。

特别是你看到的行为错误会成为你学习的丰富资源。如果你的老板不激励你、对你不好、专制或命令你，那么，就不要把这种行为传递下去(总会有这种冲动)，一定要用不同的行为方式对待他人。

不仅要从你自己的错误中吸取教训，还要从别人身上掌握这条捷径。

5. 分享知识

虽然“知识就是力量”这个口号在政治上仍被视为真理，但是这和那些靠自己成功的人没有什么关系。分享我们所知道的要比我们自己知道什么更重要，通过敞开心扉乐于分享我们的知识，会使我们帮别人获得更多的成功，反过来又为我们赢得朋友、获得收益分享的成功。

相反地，保留我们所知道的会引发仇恨。例如：如果你参加一个培训课程并保留自己学到的知识，有人就会记恨你并且妒嫉你有机会参加而他们没有。另一方面，通过分享你学到的知识，会让你建立更强大的团队精神，用自己的知识水平把所学的知识表达出来也有利于你更好地理解。坚持自己知道越多——推断别人知道越少——你就越强大，是一个严重的判断错误，这种情形会反作用于你自己，如果你不愿分享，也没有人和你分享，这会成为你的损失。

6. 履行承诺

往往说比做容易，所以除非你确定能够实现诺言，否则就不要许诺。一个诺言相当于一份合约，违背诺言等于撕毁和约。实际上，没有履行诺言没有任何理由可言，人们会在心里记住它很长时间，没有比违背诺言更让人对你大失所望的。

如果你答应了别人，就在说定的时间里做好，如果你承诺你的客户这是最好的交易，就保证别人不会有更好的。如果你对能否实现诺言有

所保留，就不要承诺，在这种情况下，向他们保证：你会尽最大的努力，但是你不能肯定能够做好，因为……(陈述原因)

证明给每个人：当你答应他们时，不管发生什么事，他们可以完全对你放心。实现你的诺言——总是——保守诺言的另外一种方法，就是让人们相信你，并且为你赢得一个经理和一个职员所需要让人信赖的信誉。

7. 努力并富有成效地工作

几乎没有什么可以替代努力工作的了，所有其它一切也同样公平。一个人比别人工作更努力会赢得胜利——假设他/她工作得有效率。不要说有效率了，只要工作努力又有效才是关键，不要在于你工作了多少小时——虽然这看上去很明显——而在于你工作多努力或多有成效。一天工作 14 个小时却没有成果是不够的，仅仅有高效的工作却只工作 6~8 小时/天也不行。如果你还没有做到，那么要乐此不疲地工作并且学习如何有效地工作。

有些人看上去总是忙得不可开交的样子，好像工作很努力，但事实上，他们并没有做出任何贡献或有益的事情。他们甚至仅仅靠把文件从桌子的这一边挪到另一边让这种看起来忙碌的过程愚弄自己：这就算有所作为。不要因此而迷惑，集中精力把事情做好——完整、准确、准时地。

努力、有效和有效率地工作会为你的成功做出巨大贡献，而且，几乎没有什么会像这种工作习惯取得的成功让你更快地引人注目和备受青睐。

与这些观点相平行的另一点需要提出：态度，也就是你怎样看待你当前所处位置的态度。有太多的人总是习惯于错误地假设下一个梦寐以求的职位，他们甚至没有把当前的工作做好，当他们的想法开始盲目地转向下一个可能的职责时，就不要说按照现在所需的为提高表现而进行学习了。这样做是错的，不会有任何益处，因为这样做太容易分散你的注意力，使你不能表现最佳状态，或让你只顾眼前的利益，认为不管将来有什么行为结果出现也不会对你有什么问题，因为那时你已经在另一个职位了。相反地，你应该把每一项工作都看做是你最后的一份工作职责来做好它，令人满意地坚持下来，不管你将来是否能够提升。用一种你要对你所作的任何决定负责任的态度对待你的职责，不要“这山望着那山高”，只知道等待或假设下一步的提升，否则你的表现必将因此受损，也会影响到你的发展。

8. 付出代价

不愿付出代价就不会获得长久的职业成功，代价会因你的工作和/或你所在公司而有所不同，但是可以确定：如果没有愿意付出代价的决心，那么你的职业的发展就会受限。

你和你组织的其他人竞争——或在将来竞争，如果你不做好为此付出必要牺牲的准备，别人就会。考虑一下错过一个机会对你、对你的家人和你的生活方式长期以来会受到什么影响。

你将不得不付出的代价可能是：

重要的差旅，和你的家人分开并背井离乡。

因为工作调动收入短期减少（例如：一个销售人员成为一个初级产品经理，从销售领域转移到办公室，平均下来他会失去他的车/差旅补贴）。

搬到另一个城市、另一个省或另一个国家。

连续工作数个周末都没有得到相应的补偿。

定期应酬客户和来访者，干扰了私人生活。

暂时从生产线转移到人员管理，不管你是习惯与否，反之亦然。

工作的螺旋式上升，必须有最适当的横向发展，才有日后的提升。

不管要求你做到以上哪一点或其他牺牲，都会成为你、你的家人或双方的负担。有时候你很难正确的估计。你付出的代价在若干年后可能会让你突然意识到：你的孩子离开你怎么能够成长？或者当你婚姻触礁时。

这不是为得到好的职业而付出的代价，愿意担任它还是反对它，要用开阔的思维衡量利弊。在决定前，不要只顾自己的感受，和家人探讨并得到他们的赞许。和其他曾为此不得以做类似决定的人谈一谈，了解他们现在的感受，如果时光可以倒流，他们是否希望重新来过。要从正反对比中进行抉择：是不惜一切代价抓住机会还是不做什么维持现状？

9. 实施领导力

重复这个显而易见的情形：有领导，也有追随者。如果你不确定一个人到底属于这两个阵营中的哪一个，那么就去参加一次会议，简单观察一下就可以判断出来。领导不仅决定会议的氛围而且会问正确的问题，他（或他们——可能多过一个人）会让这群人达成统一的意见。大多数沉默的与会者也会紧随领导建立团队步调。你更倾向于哪一类？

另一个好例子是研究组或培训班分出的临时小组。虽然通常情况下一个组的领导没有提前指派，但是总有人主动地担当起领导的角色，而且，他并不认识这组人中的谁是谁，但却能意识到这个人并且愿意团结在他周围。通常仅仅通过谁第一个发问谁做领导或提议选领导就能看出，第一个开口说话的人希望被选为领导，因为他表现出了主动性。

如果你曾参加过陪审团，那么想一想陪审团的主席是怎样被当选的。最有可能的是他或她散发着领导气质，深深打动了其他 11 位成员。

不管一个领导在什么情形下为什么当选，有一点可以肯定：这些领导，相比追随者，处在组织机构的最高位。

你可以有选择。成为一个追随者在两种人之中是没有风险的。当他可以成为那些没有个性的群众中的一员时，自然会倍感安全，因为一旦事情发生差错，只有领导——亮在明处孤立无援——而不是追随者去担心可能受到的惩罚，并通过获取职位寻求机遇。

领导和追随者的区别不仅适用于员工级别和分类，也适用于你所处的管理层。不要因为他仅仅是经理就肯定是领导，更不要说好的领

导了。许多经理都是追随者，并不是领导。

那么你希望自己属于哪一类？如果你想升职，你必须时刻表现你的领导力，不管在员工会议、研究小组还是培训课程中、一对一的会议还是其它场合。只有领导才会得到提拔。

10. 展现正直

你必须为人正直，你必须在言行中遵守道德。正直意味着有坚定的原则，不仅有，还要遵循，这是不可分割的完整性。例如：用你的忠诚和职业道德坚持你认定正确的，坚持用到你的接人待物中。

不要把坚持原则并为此努力与顽固不化混为一谈。顽固是不可取的，它会给我们和谐的工作带来困难。但是你在个人的正直方面——遵守道德的行为举止、时刻保持公平、遵守职业道德、尊重他人、理解和包容、消除偏见和歧视——必须坚持立场，你必须给向你汇报工作的人、你的客户和其他所有公司内外和你打交道的人树立积极的榜样。

11. 表现回应性

你一般多长时间一次给你有所请求的人发 e-mail，并希望马上得到回复，却要等若干天直到不耐烦，或打电话只有语音留言，等待回复却始终未果。没有应有的反应是多么令人苦恼啊！也许你会因此而耽搁你努力想按时完成的任务。

如果没有得到及时回应令你恼火，就想想别人也有同样的感受。不按时回应不仅粗鲁无理，还延误决定、危及工作进展、失去客户的订单，如果一切恶果因你而起会引起别人对你的怨恨和反感的话。例如，多次不给别人应有的回应，那么别人最终会在一开始就彻底放弃询问你，那么在你得知前，你就成了圈外人。

太忙了以至于不能回复这成了人们所接受的理由。你不一定总有时间立即给出详尽的回复，你可能需要从别处得到所有你想得到的信息，这样可能会花去超出你控制范围的时间，但是你必须时刻给出回复，哪怕是一句话："请给我几天的时间，到时候我一定给你答案。"这样的临时回应人们可以接受并理解，如果什么反应都没有那是不行的。

同样的方法还适用于电话。如果有人打电话给你，证明他此时此刻有话对你说，而不是明天、下个星期或他刚好碰着时，所以应立即回电话。

迅速且连贯的反应暗示你对事情解决的急迫性有所共识，它能相互感染，人们很快会发觉当他们联络你的时候你有所回应，他们对你这种积极的态度深表感激并且给予回报。

12. 表现忠诚与支持

忠诚是被广泛认可的，不管是对你的老板(最重要!)、你的公司、你的下属还是你的同事。

完全认可并理解忠诚最简单的方法就是首先想想你和你下属的关系。你对他们的忠诚感到欣慰吗？你期待它吗？还是想当然？假定本来就该这样，那么对第一次不忠诚的表现恼火吗？如果你是这样想的，那么你会认识到你自己的忠诚对你的职业发展多么重要。

在完美的世界里，忠诚很容易做到，但是我们当中又有谁身处这样的世界呢?

只有当你的世界不尽如人意时，衡量忠诚的尺度才会显现出来。当你需要支持不受欢迎的决定，或当你就一个问题完全不同意你的老板，但是还要支持他以表忠心，那时你可能会扪心自问："忠诚的终点在哪里?责任规定的起点又在哪里?"当你承担信托或法律责任的时候，这种想法会特别明显。

想想许多公开所谓"自爆家丑"的案例：一个公司或个人的违规行为被好心的、自觉的员工察觉并上报到权力机构或公之于众时，他坚信：只有用这种最引人注目的求助方式才能带来必要的变化。且不讨论价值、品德或处理或判断这事件的道德，有一点可以肯定：这自爆家丑的人从职业角度看已经"完了"，纵使不是法律方面。对也罢，错也罢，反正没人会完全相信他。

当然，这是公司和经理将毋庸置疑的忠诚看得如何重要的最强烈的表现。"自爆家丑"肯定是一个极端的求助方式，然而，跨过你老板的越级报告本质上也无异于此，虽然是较小程度的。在你的职业生涯有时会产生这种强烈的想法——到你老板的老板那儿去发泄不满和不同意见吧。

还是仔细思考一下吧。除非牵扯到欺诈或其他形式的不当行为，否则仅仅因为你不同意你的老板——不管有多么强烈——而进行越级报告，会对你产生长期可怕的影响，这相当于职业自杀。不仅你的老板永远不能原谅你、敌对你，你也给你老板的老板出了一道他迫不得已要处理的难题。

考虑当下的现实进行换位思考：如果他不表态，你什么也得不到；如果他支持你，顶多他会削减你老板的权力和职责；如果他支持你的老板(从单纯的管理学角度看，他必须这么做)那你就输定了。换言之，你无论如何也不是赢家。

即便你提前征求你老板的意见，看他是否介意你汇报不同意见给他的老板，即使他表示许可，你也别这么做，这么做会反过来害了你。他不会真的阻止你去找他的老板，但他永远也不会忘记不会善罢甘休，他甚至会怀恨在心伺机报复。

表面看这是愚蠢地保持忠诚——在行动举止上是你必须学习并接受和共存的挑战，这样你才会从中受益。

和公司环境中其他许多事一样，你要记住：忠诚是双向的。你希望你的老板忠于你并且支持你，你的下属也会寄予你同样的期望，如果你不忠于你的老板或下属，他们也不会忠于你。失去忠诚，你恐怕难以生存——更不要提发展了。

13. 表现自信

正像你为了成功激励你自己，你必须充满自信并表现出来。如果你对自己没有信心，怎么期望别人相信你呢？自信通向成功，成功又会让你充满自信。这是一个良性循环！

最大的挑战在于你不自信时还要显得自信，或因为没有作为建立自信所需基础的必要经验或成功记录，还要注意：表现自信的时候不要显得骄傲自大或太过自负。

为了获得真正的自信，没有比知识更有用的了——比你同事、下属、老板和你的客户拥有更多的知识，迅速积累有用的知识为自己赢得优先权。

通过公开夸奖他们、给他们应得的荣誉帮助别人建立自信，他们最终会回报你，同时，你自己的信心也会倍增。

14. 以服务为宗旨，客户至上

在今天这种激烈的竞争环境中，为了成功和发展，并不只有服务行业的员工和经理才需提供高质量的服务，服务并不仅仅局限于提供技术服务让我们的电子/电动设备、我们的车、空调或医疗或其他设备正常运转。

从职业角度看，服务意味着支持你的客户——不管在公司里还是公司外——通过提前考虑他们所需，对他们的希望做出迅速的值得信赖的反应以提供各方面显著超过你竞争对手的服务。

15. 做演示

我们还没触及一门为了个人的成功你必须掌握的重要技能：做演示。如果你有给一群人做过演示——不管是管理层、你的同事或你的客户——你总会有这一天。它已经成为你社交圈不可或缺的一部分。不管你是否喜欢，别人会从你做演示的好坏和专业程度上判断你这个人。

有些经理仅仅因为会做具有说服力、有漂亮图解的 PPT 演示就能维持住他的头衔甚至得到提升。他们自己甚至可能并没有准备材料——事实上，他们很可能这样——但是他们知道怎样把它表达出来。有说服力，打动人心，用强有力的自信声音，无疑让每个人相信他们知道自己在说什么，他们用自己的演示给听众留下了深刻的印象。

要善于利用这一点，学习怎样准备和做演示。这是一项有极大需求的技能，虽然有些人天生比其他人善于做演示。

如果你的公司没有组织相关的培训，就考虑自己花钱参加这样的培训。这是一项合理的投资，它会以更高评价、绝对的认可和可见度以及更好的职业机会给你可靠的回馈。经理们都记得那个做演示做得好的人，就像他们记得那些错误百出、费劲找词、缺乏自信又没有说服力的人一样。

16. 远离办公室政治

这是一个多么敏感的话题啊！它可以把人惹恼。我们敢以它为主题吗？或者说好听一点儿，我们敢不这样吗？有哪个办公室或是公司政治没有起作用？有哪个公司政客愿意承认自己是这样？几乎没有。

这里问题的重点并不在于政治是不是你们公司的一部分，而在于你是否希望成为这个游戏的一部分。答案大部分取决于你的个性和自身性格。有些人忍不住政治化，有些人就是打死也不会玩政治。值得庆幸的是，我们大多数人处在这两种极端之间。

或许不幸的是很难想象一个成功的职业能够脱离政治，至少会和它沾一点儿边吧。不管它习惯于在表面的背后进行，还是借助有力人士加分，还是美其名曰“关系网”，还是要用肉麻的话奉承你的上司——都是合理的，在政治上也是行得通的，它能够对你的职业有所帮助，尽管就你的性格而言，可能不大适合。

最让人难以忍受的是那些只知道依靠政治向上爬的人。他们沐浴在别人——那些真正出力而本应该得到的人——的荣耀之中；他们会夺

走别人取得的成就和荣誉。当事情出现差错，又会第一个指责那些人；他们会第一个到老板的办公室送上好消息，尽管这和他们一点儿关系也没有；当别人出了什么乱子，他们又乐于第一个传达坏消息。他们永远不会被看出有什么不是。你能够看到他们在做什么，你的同事也能够看到，但大多数情况下，唯独更高级别的经理看不到或不想看到。

看着这些玩弄政治的人被夸奖被提拔真令人心痛。不过当它已经发生了，我们还是要有信心往远看。等待纠错——如果你能够做到——忠于自己和自己的信仰。

17. 玩得开心

我们已经说过："只工作不放松，杰克也会变傻瓜"，这是我们熟知的谚语。但是在不惜花任何代价长时间努力工作以获得成功的压力下，这很容易被忽视。几乎变成：如果我们没把所有时间用在工作或至少在思考工作上，就会有罪恶感。我们太容易这样完全淹没在工作里，即便我们人已经到家，思想却继续停留在工作上。

这样不好，对我们不好，对我们的家人也不好，对公司也不好。我们都需要放松嬉戏，需要时间专注于我们喜爱的活动，需要时间给我们自身充电。尽管我们对工作和工作场所怀有敬意和热爱，也没有人因为筋疲力尽感谢你或者我。全身心地投入到工作，在很多情况下是人们期望的，但是没有人期望你一天工作 24 个小时、一周工作 7 天、任何时候都工作！如果你这样做了，那么你的生产效率——并且可能你的健康——会受损，别人也不会因此感激你，只会不理解你。

进行一些有益的玩乐，抽时间放下工作享受生活会让你成为更加快乐、更加高效的员工。"努力工作尽情玩儿"，这是澳大利亚人的哲理，这里要补充的是：有一种生活超越了你的工作——你的家人、你的朋友、你的爱好、运动——是那些当你不再工作被你为之付出你全部的公司遗忘很长时间后仍然拥有的。利用闲暇时光通过建立一种工作和放松之间合理的平衡成为一个更全面、更成功的人。不仅要享受工作，还要享受生活本身！